谨以此书敬贺
同济大学110周年华诞!

教授进中学

教授进中学

FIRST 科技挑战赛观摩活动

建造节、海洋节系列活动

苗圃学生拜师活动

社团爱心捐助和大学生回母校宣讲活动

社团内建和校友企业参观与讲座活动

中学生创新项目交流、评审活动

中学生暑期夏令营活动

中学校长、教师进同济活动

走入教育改革深水区：
同济大学"苗圃计划"的探索与实践

ZOURU JIAOYU GAIGE SHENSHUIQU:
TONGJI DAXUE "MIAOPU JIHUA" DE TANSUO YU SHIJIAN

主 编 廖宗廷
副主编 王 群 朱崇志 王伯瑛

图书在版编目(CIP)数据

走入教育改革深水区:同济大学"苗圃计划"的探索与实践/廖宗廷主编，
王群、朱崇志、王伯瑛副主编—武汉:中国地质大学出版社,2017.4

ISBN 978-7-5625-4025-0

Ⅰ.①走…
Ⅱ.①廖…②王…③朱…④王…
Ⅲ.①同济大学-教育改革-研究
Ⅳ.①G649.21

中国版本图书馆 CIP 数据核字(2017)第 073016 号

走入教育改革深水区： 同济大学"苗圃计划"的探索与实践	主　编　廖宗廷 副主编　王　群　朱崇志　王伯瑛	
责任编辑：段连秀	策划编辑：段连秀	责任校对：周　旭
出版发行：中国地质大学出版社(武汉市洪山区鲁磨路388号)		邮政编码：430074
电话：(027)67883511　　传真：(027)67883580		E-mail:cbb@cug.edu.cn
经销：全国新华书店		http://www.cugp.cug.edu.cn
开本：787毫米×960毫米　1/16	字数：260千字　印张：16　图版：12	
版次：2017年4月第1版	印次：2017年4月第1次印刷	
印刷：武汉教文印刷厂	印数：1—3000册	
ISBN 978-7-5625-4025-0	定价：49.00元	

编委会 Bianweihui

主　编：廖宗廷

副主编：王　群　朱崇志　王伯瑛

编　委（按姓氏笔画排列）：

　　　　王梓力　邱　洁　余　野　沈水明

　　　　宋　瑶　张　庆　张　勤　陈　明

　　　　陈　洁　陆　鑫　郑晓蕾　赵佳敏

　　　　骆美成　洪蕾洁　谈兴卓　陶雅萍

　　　　樊文有

QIANYAN 前 言

2013年4月,习近平总书记在给清华大学苏世民学者项目启动的贺信中指出:"教育决定着人类的今天,也决定着人类的未来。人类社会需要通过教育不断培养社会需要的人才,需要通过教育来传授已知、更新旧知、开掘新知、探索未知,从而使人们能够更好地认识世界和改造世界,更好地创造人类的美好未来。"2016年12月7日,习近平总书记在全国高校思想政治工作会议上的讲话中指出:"教育强则国家强。高等教育发展水平是一个国家发展水平和发展潜力的重要标志。实现中华民族伟大复兴,教育的地位和作用不可忽视。我们对高等教育的需要比以往任何时候都更加迫切,对科学知识和卓越人才的渴求比以往任何时候都更加强烈。"习近平总书记的这些精辟论述,不仅是对我国教育战线上的广大教育工作者的嘱托,也向全国人民描绘了在实现"中国梦"过程中教育事业发展的宏大愿景,更是对办好高等教育、培养卓越人才的殷切希望。

培养一流的卓越人才,关键要有一流的教育,特别是高等教育。恢复高考近40年来,高考对推动我国教育飞速发展起到了积极的作用,为我国经济、社会、科技和国防等几十年来的高速发展提供了极为重要的人才支撑。但长期以来由现行高考制度导致的应试教育、唯分数论、一考定终身、文理分科等问题已使我国教育发展深陷泥坛而难以自拔。国家正式启动考试招生制度改革和教育教学综合改革,使我国教育改革已如舟至中流,展现了更加开阔的行进空间。但面对如何回答钱学森之问(我国教育为何培养不出大师级人才?)和李约瑟之问(公元前3世纪到13世纪中国始终保持世界先进水平,为何近现代科技文明没有诞生在中国呢?为何近现代中国没有引领世界科技进步呢?),我国的教育改革也面临着"中流击水,浪遏飞舟"的严峻挑战。

为了直面我国教育改革的严峻挑战,破解我国教育发展中出现的各类难题,各级政府、教育主管部门、学校、科研单位等积极响应党的号召,开展了许许多多富有创造性的探索与实践。同济大学以"敢为天下先"的魄力,于2012年启动的"苗圃计划"就是其中一个寻求问题解决之道的探索与实践计划。虽然"苗圃计划"的探索与实践是局部的、初步的,甚至可能是肤浅的,但它直面我国教育的突出问题而提出,以努力触及教育问题的本质而付诸实践。"苗圃计划"实施近5年来,在同济大学各学院(系)以及全国参与"苗圃计划"的20多所中学的共同努力下,取得了超过预期的效果。在遵循教育规律和人才成长规律、促进大学教育和中学教育有效衔接、引导学生专业兴趣和学科特长、保护学生的天性与个性、促进素质教育、注重综合评价和过程评价、努力消除应试教育和唯分数论消极影响等方面,均取得了较多的收获,受到了大学与中学的教育管理者、计划实施者和参与计划的教师、学生,以及教育主管部门、学生家长等的充分肯定。为了总结经验,深化改革,追求卓越,我们收集了自"苗圃计划"实施以来,相关领导的论述、讲话、访谈;参与教师、工作人员和校友的体会、认识和感想;参与学生的心德、体会和感悟等,编撰成书,以《走入教育改革深水区:同济大学"苗圃计划"的探索与实践》为书名付梓出版。虽然随着国家对于高校自主招生政策的调整,同济大学结合"苗圃计划"开展自主招生的内涵、方式方法已发生了重大变化,但在全国正逐步推进考试招生制度改革和教育教学综合改革的背景下,仍希望本书的出版能为深化相关改革提供参考,也希望能为大学和中学结合新高考推进相关改革提供经验与借鉴。

全书共分四章。第一章为"苗圃之源",主要收集同济大学校领导对"苗圃计划"的论述和专题访谈,对什么是"苗圃计划"、为什么要实施"苗圃计划"、如何做好"苗圃计划"、"苗圃计划"对新高考改革的借鉴等问题进行了全面而深刻的阐述。第二章为"园地争鸣",较系统地收集了大学、中学教育管理者,参与计划的教师、工作人员、校友和广大学生对"苗圃计划"的认识,以及参与计划后的亲身感受、体会、心得、意见和建议。第三章为"菁苗满圃",主要从参与教师、学生的经历,展现"苗圃计划"的实施过程、参与体验及收获。第四章为"苗圃骋望",主要从管理者、实施者、接受者的角度,描绘对"苗圃计划"在深化改革、追求卓越、培养创新人才等方面的期盼和继续努力的方向。

值得指出的是,本书是参与"苗圃计划"的相关领导、中学校长、教师、校友、工作人员以及广大学生的观点、认识、体会、心得、感悟、意见和建议的集大成,是集体智慧的结晶。更要特别指出的是,本书收集了时任同济大学校长裴钢院士在报刊发表的相关文章。时任同济大学常务副校长陈以一教授、同济大学常务副校长伍江教授、上海中学校长冯志刚、上海交通大学附属中学校长徐向东、上海市曹杨第二中学校长王洋、江苏省海安高级中学校长吕建、时任上海市晋元高级中学校长王丽萍、同济大学第二附属中学校长刘友霞抽出宝贵时间,接受采访,毫无保留地发表了各自的观点、意见和建议。同济大学宣传部、党办、校办、纪委监察处、校友会(包括各省、自治区、直辖市校友会)、中国地质大学出版社等,对本书的撰写与出版提供了大力支持和帮助,同济大学爱立诚教育发展基金和《中国玉文化与系统宝石学丛书》出版基金提供了经费支持。在此,我们对上述个人和单位一并表示衷心的感谢。

《走入教育改革深水区:同济大学"苗圃计划"的探索与实践》一书即将付梓出版,可喜可贺!我们相信这仅仅是个开端……

编 者

2016年12月12日于同济园

目 录 Contents

第一章　苗圃之源 ——————————(001)

"苗圃计划":我们不是坐等收割 ················裴钢(002)

选拔适合在同济土地上成才的好苗 ············陈以一(006)

"苗圃"育人,体现大学的一种社会责任 ··········伍江(013)

探索选拔与培育杰出人才之路 ················廖宗廷(023)

众志成城,奠基卓越 ························冯志刚(032)

培育适合在同济土地上成才的好苗 ············王洋(035)

第二章　园地争鸣 ——————————(041)

同济自主招生不是到瓜田里摘瓜 ··············裴钢(042)

上海应率先推进考试招生制度改革,为国家教育改革提供示范

(上海两会提案摘录) ······················廖宗廷(043)

从人才培养的高度实施"苗圃计划" ············吕建(044)

同济"苗圃计划"是来真的 ····················徐向东(046)

切实推行"苗圃计划" ………………………………………… 杨素珍（047）

"苗圃计划"踏准了我国教育改革的节拍 …………………… 芮仁杰（048）

"苗圃计划"应该并能够成就什么？ …………………………… 张劲（051）

"苗圃计划"为高校选拔"适切性"人才提供了新思路 …………
　　　　　　　　　　　　　　　　　　　……………… 杨晓杰　宋文娟（052）

人才支撑计划 …………………………………………………… 陈奕望（054）

偏远地区的利好人才培养计划 ………………………………… 陈功全（055）

增强宣传与解读力度 …………………………………………… 尚可（056）

关于机会成本的思考 …………………………………………… 农光学（057）

"苗圃计划"精确制导卓越工程师 ……………………………… 王洋（058）

"苗圃计划"：新的人才培养模式 ……………………………… 王丽萍（059）

谈"苗圃计划"与中学生职业规划 ……………………………… 陈功全（062）

"苗圃计划"的开展与实施 ……………………………………… 易建平（064）

用好"苗圃计划"，种得满园瓜 ………………………………… 薛锋（065）

求木之长，当固本培苗 ………………………… 南充中学苗圃秘书组（066）

人才培养的实践和思考 ………………………… 山西大学附属中学党政办（070）

在教育的有效衔接中助推人才培养模式 ……………………… 刘丽君（072）

第三章　菁苗满圃
(073)

了解为选择之壤：大学先修课程 ………………………………… (074)

为学生量身定做"苗圃"课程 ……………………………… 黄一如(075)

细致做好大学与中学的合作协调工作 ………………… 羊亚平(076)

选派实力强大的教授团队进中学 ……………… 邓慧萍 赵文涛(077)

让"苗圃"学员进同济后快速适应大学生活 …………… 熊海贝(078)

加强专业导论教育 ……………………………………… 赵佳敏(079)

"走进大师"课程引发了我对科学研究的兴趣 ………… 陈月滢(080)

在同济我又有了一个家:"苗圃之家" …………………… 林梁(081)

在"苗圃"大家庭中健康成长 …………………………… 苏航(082)

我成为一名"苗圃"宣讲人 ……………………………… 庄涛(084)

"苗圃计划"开启了我兴趣的大门

………………………… 熊婉嬑 宋保春 钱菪妍 黄嘉琳(085)

我明确了自己想要什么 ………………………………… 赵玉莉(087)

创新乃发展之魂:创新项目 ……………………………………(088)

创新项目营造了科研氛围 ……………………… 邓慧萍 赵文涛(089)

指导学生进行项目选题 ………………………………… 赵佳敏(090)

"苗圃计划"促成了一系列品牌活动 …………………… 周振宇(091)

难忘的做项目过程 ………………………………………… 陈婷(092)

做项目组长使我有了更多历练 ………………………… 杜开阳(094)

对我们来说,过程才是最重要的 ………………………… 端启航(097)

实践的过程就是不断学习的过程 ………………………… 付星宇(099)

感悟到了团队合作的重要性 …………………………… 章育辉(101)

梦想,伴随着项目起航 …………………………………… 陈婷(103)

创意来自于生活 …………………… 黄伊然　钱箬妍　黄嘉琳(104)

我的创意有趣又实用 ………………………………… 孙艺嘉(106)

力行而后知之真：暑期夏令营 ……………………………(108)

夏令营让中学生更直观地了解大学 ………………………
………… 黄一如　付星宇　黄嘉琳　熊婉嫕　宋保春　夏颐(109)

砥砺而不可以已：跟踪与反思 ……………………………(112)

我们的思考 ……………………………… 邓慧萍　赵文涛(113)

边思考，边实践，边推进 …………………………… 赵佳敏(114)

为"苗圃"点赞 …………………………… 范爱筠　宋保春(116)

"苗圃之家"与学生社团建设及发展 ………………… 王梓力(118)

探索建立科学的评价、追踪、反馈机制 ……………… 王群(121)

我理解的"苗圃"学子 ………………………………… 陈月滢(123)

进入"苗圃计划"让我更加自信 ……………………… 章育辉(125)

春风化雨润无声：我的"苗圃"故事 ………………………(126)

我将带给世界的影响，是积极向上的 ………………… 陈姝婷(127)

从车迷走上专业之路 ………………………………… 孙毅文(130)

老师的人格魅力，让我敬仰 ………………………… 武向辰(133)

一段美不胜收的回忆 ………………………………… 卢思然(135)

求索路上，不惮前行 ………………………………… 徐世宁(138)

遇见同济，在我最美的时候 ………………………… 白云鹭(140)

同济情怀 ……………………………………………… 陈浩田(143)

让世界因我而更美好 ………………………………… 高一丹(146)

与同济结缘,圆建筑师之梦 ·········· 郭信(149)

理想之舟正扬帆起航 ············· 郭子轩(151)

原来我有创新的潜质 ············· 曹翊扬(154)

在美好的时光去创新 ············· 刘佳芸(156)

我的桥梁梦 ··················· 王卓青(159)

享受过程 ···················· 陈予嫣(162)

有梦想,有目标,真好! ············ 史元嘉(165)

成为一名同济人,我自豪 ··········· 王月婷(168)

"苗圃"是一个让我发光发热的电源 ····· 张雨睿(171)

"苗圃"让我的高中生活多了梦想的颜色 ··· 王韵熹(173)

感谢"济"遇 ··················· 杨童骄(176)

在合作中前行 ················· 杨森森(180)

我与同济的"恋爱" ··············· 宁译萱(182)

同舟,共济 ··················· 张冉昊(184)

"苗圃"的春夏秋冬都是成长 ········· 钱宇盛(187)

幼苗定能日日长 ················ 沈乐尧(189)

找到了更适合自己的专业方向 ········ 孙思晨(192)

"苗圃"是我成长路上一块重要的基石 ··· 董岚宇(194)

"苗圃"是一个精彩的舞台 ·········· 吕文旗(197)

薪火相传盼苗成:校友之声 ············ (199)

校友资源助力"苗圃"成长 ·········· 雷志彬(200)

致花开的未来 ················· 鲁育宗(206)

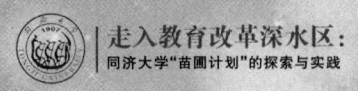

我的"苗圃"故事 ……………………………………… 徐放(210)

"苗圃计划"创新考试招生制度 …………………………… 李懿(214)

第四章 苗圃骋望 (217)

放大效应，扩大影响 ……………………………………… 徐向东(218)

对话"苗圃计划" ……………………………………… 王丽萍(221)

"苗圃计划"助推中学特色创建 …………………………… 刘友霞(224)

奉献桑梓，成就未来 ……………………………………… 张劲(227)

铺就沃土，助苗茁壮成长 ………………………………… 刘丽君(229)

新格局，新理念，新开拓 ………………………………… 易建平(230)

正确认识，突破藩篱 ………………………… 杨晓杰 宋文娟(231)

把握机遇，培养人才 ……………………………………… 成瑾(232)

创新人才培养模式的探索 ………………………………… 陆高原(236)

"苗圃计划"实施效果显著 ……………………………… 同济招生办(238)

后 记 (240)

第一章
苗圃之源

导语：同济大学贯彻落实党的教育方针，把立德树人作为根本任务，遵循教育规律和人才成长规律，更新人才培养观念，树立系统培养模式，探索中学教育与大学教育的有效衔接，选择与同济大学有良好合作基础并具有相同办学理念的中学建立战略合作联盟。通过将大学的教育方式和部分教学内容前移，利用中学课余时间开展各种活动，培养学生对相关学科的专业兴趣、学科特长、创新潜质和综合素质等，让同济的优势学科与中学的素质教育相结合，最终将大学教育与中学教育贯通为一个体系，由此而正式提出同济大学"苗圃计划"。

"苗圃计划"：我们不是坐等收割

2012年3月16日，全国7个省市的20余所重点中学校长应邀来到同济大学参加"同济大学'苗圃计划'研讨会"，标志着同济大学面向高中推行的"苗圃计划"正式开始试点。一年多来，同济大学先后与上海、浙江、江苏、四川、山西、贵州、陕西、云南、广西等省（区、市）近20所中学正式启动或完成签约"苗圃计划"合作，各项工作有序推进。

"苗圃计划"直面难点和困惑，为深化教育机制体制改革探路

教育是为了培养人，为了孩子更好地成长成才。教育也是一个系统工程，从小学、初中、高中，再到大学本科、硕士、博士，虽然针对于高级专门人才和拔尖创新人才培养的大学阶段有其特殊性，但之前各阶段对于学生的知识、能力和人格养成的培养同样重要。尤其高中阶段，是一个人人生观、价值观形成的关键时期，也是一个人兴趣、习惯、独立性和责任感形成的关键时期，这些素质对于学生创新意识的培养具有奠基性意义。但在传统的教育体制下，不同阶段都是各管各，相互脱节，阶段培养目标未考虑衔接，培养方式也缺乏系统性，从而制约了杰出创新人才的培养。

招生是大学人才培养的起点。但不同的高校有着不同的办学定位、办学目标、办学理念、办学传统、学科特色和校园文化，对于考生个体而言，他们同样有着自身不同的特长、兴趣和潜质。按照现有的招生机制，高考分数是大学招录怎样的考生、考生能被怎样的大学和专业录取的唯一标准,缺少学校特征与考生特质更加客观全面的双向选择和互为对接的过程,容易造成学生进到大学后产生一定程度上的不适应。

我国恢复高考制度已有30多年,大学自主招生从试点到现在也有10多年,高考选拔制度导致的"应试教育""一考定终身"问题越来越受到教育界和社会大众的诟病,自主招生若仅停留在出一张试卷外加某种形式的面试,也终究难以做到对学生的深入了解。

审视现阶段我国高等教育选拔与培养的现状,如何破解上述困惑和其他方方面面的问题,亟待各高校做出不懈的努力和探索,这也应是我国高等教育未来改革发展的重点之一。

同济大学立足学校实际和特色,选择全国部分高中实施"苗圃计划",探索大学教育与基础教育的衔接,希望以此触及教育机制体制改革的本质,为破解困惑和难题积累有益经验。

"苗圃计划"顺应需求,支持中学开展素质教育是动因

多年来,教育主管部门一直倡导在基础教育中开展素质教育,引导学生独立思考,加强创新意识、创新精神和创新能力的培养。各地中学对此也给予了积极响应:制订方案,投入资金,落实措施,购买了很好的设备,建起了高端实验室。鉴于高考选拔制度没有改变、中学师资自身知识结构局限等多方面原因,实际效果并不理想。

为了支持高中更好地开展素质教育,同济大学早在多年前就开始应中学的要求,先后与多所中学共建了实验室或素质教育基地,如在上海中学共建了汽车实验室,在上海市晋元高级中学共建了结构实验室,在同济大学第一附属中学共建了环境实验室等。按照中学素质教育的要求,除了有教授经常到中学指导学生、培训有关教师外,还专门安排相关专业的研究生、本科生参与到中学生的课外培养中去。在同济大学师生和中学老师的协同指导下,中学生的兴趣受到激发、能力得到培养。在2011—2012年两年间,部分中学还应邀组队参加在同济大学举办的全国性大学生汽车挑战赛、大学生结构比赛和大学生"建造节"比赛等,中学生在比赛中的表现丝毫不逊色于大学生。

在与中学共同开展素质教育的具体实践中,我们有一个深刻的感受,这样的活动不仅能够激发中学生的专业兴趣,培养他们的学科特长和创新潜质,还使参与活动的中学生建立起了对同济大学和有关学科(专业)及教学科研团队,直至大学教授的深厚感情。通过自主招生选拔,我们把这些学生招到同济大学并进行跟踪考察,发现他们进校以后各方面表现都非常优秀。

受此启发,我们就想到,如果能够推出一个面向高中的专门计划,以招生选拔方式改革为切入点,通过系统完备的制度安排,引入系统培养观念,以因材施教和促进学生终身发展为目标,其效果应会更加理想,并更加具有可持续性。

我们常说:"十年树木,百年树人。"树木需要苗圃,树人更离不开苗圃。对大学而言,招生就像是"选苗",高中乃至更早期的教育就是"育苗",是"苗圃",遂定名为"苗圃计划"。实施"苗圃计划"表明我们不是在坐等收割,而是要直接参与种植培育,鼓励激发同学们树立梦想,支持引导同学们早日实现梦想。

"苗圃计划"虽有期冀但无功利,助力学生创新成才是目的

实施"苗圃计划"的主旨,是要真正实现大学培养与基础教育的有效贯通和衔接,充分激发和引导学生的兴趣、特长和潜质。对于确有潜力的"苗子",在制度上给予招生政策的较大优惠和倾斜,使他们能够从沉重的应试负担中部分地脱离出来,有时间和精力提早参与到创新思维和创新实践的系统训练中来。

经由"苗圃计划"而选拔进入同济大学的学生,学校均承认中学阶段相关培养环节的学分,可优先进入各类人才培养模式创新实验区或拔尖学生培养计划,并对接本硕博贯通培养模式等。

当然,在"苗圃计划"分阶段推进过程中,既然设计了双向选择的环节,就意味着有可能参与"苗圃计划"的学生选择了其他高校或被其他高校所看中,即便这样,我们一样感到高兴。在心底里我们当然希望经过共同培育的优秀学生能够选择同济,但我们更愿意看到应试教育的弊病得以消减。只要学生真正成为创新之才,就是我们对教育改革做出了贡献,对国家做出了贡献。

(时任同济大学校长　裴钢院士)

本文原载于《中国教育报》,2013-05-20

链接一　"苗圃计划"实施的三个阶段

第一阶段以兴趣引导为目标,主要面向高一学生,结合高中既有的素质教育开展,通过教授和杰出校友进中学举行学科(专业)讲座等形式,在广泛层面上传播科学与工程的相关知识,培育专业兴趣。

第二阶段以能力与人格养成培养为目标,面向小范围的高二学生,学生经由大学与中学共同商定的程序和办法自愿报名、共同选拔后,组成兴趣小组或创新小班,以不占用高中基础课程教学时间为前提,合理利用中学原课表中拓展课程和研究型课程的时间,外加少量的课外时间,引导学生开展创新型小课题研究,参加各种学科竞赛创新活动等。

第三阶段则以"选苗"和部分大学课程的提前植入为特征。有了第二阶段参与各类创新训练、创新活动的基础,高二年级结束时,按照双向选择原则,同济大学对有关学生进行自主招生选拔,确定真正成为"同济苗子"的学生名单,享受同济大学的自主招生、综合评价多元录取招生等优惠政策。

链接二　顺应综合素质评价的实施

以上海、浙江为试点,全面推进考试招生制度改革,综合素质评价已经在上海全面实施,中学非常迫切需要了解大学的人才培养目标和社会需求,努力与大学实现教育教学的衔接,培养具有专业兴趣、学科特长、创新潜质、身心健康的适合大学人才培养模式和社会需求的有用人才,同时进一步提升中学的办学特色,实现深化考试招生制度改革和教育教学综合改革的目标。

选拔适合在同济土地上成才的好苗

记者：王伯瑛 （采访时间：2012年12月）

近年来，无论是国家发展规划还是全国两会，无论是专家学者还是普通民众，都越来越关注教育。教育成为人们关注的热点，这是社会文明进步的一个表现。面对高等教育，人们关注的焦点也在不断转移，从"上大学难"到"上好大学难"到自主招生。

教育的本质是塑造人，是为国家未来发展培养更多创新型的紧缺人才。招生是高校人才培养的起点，招生改革是中国教育改革的关键。为此，我国一直在探索改革高校招生制度，2003年推出的高校自主招生改革，可谓破冰之旅。同济大学是拥有自主招生资格的高校之一，近10年来，推出了怎样的举措？作了怎样的探索？取得了怎样的成果？又有着怎样的思考？日前，记者带着这些问题，采访了同济大学常务副校长陈以一教授。

记者： 中国恢复高考制度已经30多年，高考对推动中国教育发展起到了积极作用。同时，近年来高考制度也受到了越来越多的诟病。作为长期在高校任教的教育工作者和分管教学工作的副校长，对此，您是怎么看的？

陈以一： 我们原有的高考制度是统一考试、统一录取。这种制度，我觉得在现今中国其基本面是有积极因素的。第一，它在一定意义上保证了公平性，人人享有均等的机会；第二，它具有一定的选拔性，有专家曾经研究过，书面考试在较大程度上能够识别出学生在智力教育、接受能力、反应能力上的差异。

同时，它也反映出一个人的毅力和心理素质。不管怎样，十几年寒窗，一直保持较好的状态，也是要有一定毅力的。还有临场发挥的好坏，也能体现出一个人心理素质的高下。

虽然现有高考制度在体现公平性和选拔性方面还是有值得肯定的地方，但也存在弊端。弊端是什么呢？我们现在诟病最多的又是什么呢？我觉得高考存在着不少弊端，其中最典型的就是：一把尺子，一个标准。什么叫一把尺子？比如说高等教育办学理念和方式应该是多样化的，有普通高等教育，有大专、高职等，而对不同的教育，我们的高考都用一张考卷来甄别；什么是一个标准呢？这个标准就是分数，到了哪个分数就能进哪所学校，一分之差都不能有。

这样的现状带来了什么样的后果呢？我觉得，一个是导向单一，另一个是机会单一。

所谓导向单一，就是分数导向。只有分数导向，而且这个分数是以知识的掌握程度为核心的，这个知识是局限在高考考试科目的知识。这样一来，除了分数以外的，其他都被忽略和放弃了，如创新潜质、综合素质、能力等。比如这些年中国学生的身体素质普遍下降，我们大家都知道，身体素质是一代人一个民族发展的物质基础，身残志坚的个体，我们要赞赏，但我们无法想象如果整个民族的一代人都是身残志坚的。再则，我们现在强调人的社会责任感，这一点也很难通过分数这个标准检测出来。还有，也是在这种单一的分数导向下，学生的兴趣爱好和特长在很大程度上被抹杀掉了。

所谓机会单一，就是只有一次高考。不论你平时成绩怎么好，一旦这一次发挥不好，机会就失去了。比如在上海地区，考到多少分，进同济，考到多少分，进交大，分数是唯一标准。如果这个学生选择的是文科专业，想报考复旦的文科，结果分数不够就只能进他不怎么心仪的甚至是无专业兴趣的文科院校，机会是单一的。

由此可见，我们只能说考试的权利是公平的，但是真正适合个人特长发展的选拔机会其实是不公平的。这种机会的单一，又造成了人才形式的单一。每个学校都各自有培养人才的特色和目标，但是高考是按一个学校来划一个分数线，你到了这个分数线进了这个学校，也不管学校的专业和办学特色是不是适合个人。

这些弊端带来的最大问题，我认为有两点：一个是它严重误导了基础教育的发展方向，而且这个误导是强误导，因为对所有的家庭而言，都希望子女得到一个好的教育。习近平总书记说："人民期盼有更好的教育。"什么是更好的教育？现在高质量的教育跟高水平的大学挂钩，要能够进入高水平的大学，又与高考高分挂钩。如果这样挂钩下去，又陷入了高考的魔圈。另一个是对高等教育的影响，高校很难自主地招到适合自身办学特色的真正具有创新潜质的或者有兴趣导向的学生。

记者：如您所言，我们的高考制度在体现公平性和具有一定的选拔性方面是值得肯定的，但确实存在着严重的弊端。高校招生制度必须改革，这几乎已经形成了社会共识。

陈以一：是的。那么如何在现有条件下克服这些弊端呢？这也一直是教育行政部门和教育工作者都在思考和探索的问题。10年前，我国推出的自主招生政策，我认为就是基于现有的考试录取办法而言的。大家肯定也注意到了，改革的重点是自主招生和多元录取，但没有否定统一考试。所谓自主招生，在到底选择什么样的学生上，学校应该拥有自主权，不应该只靠一条划定的分数线给学校分派人；所谓多元录取，就是除了高考分数线这一个标准以外，应该还有其他的标准来衡量学生。

记者：同济大学自主招生、多元录取的具体做法是怎样的？

陈以一：关于自主招生和多元录取，高教系统在教育部的指导下，已经过了多年的探讨，但是因为它牵一发而动全身，影响全社会，所以改革不可能一蹴而就。过去几年，我们学校已经作了一些探索。比如，校长直荐、学校或者高校联盟预选、通过在实施"苗圃计划"对中学生的培养考察中发现人才等；又如我们举办由中学生参加的建造节、结构赛、夏令营等项目，发现有专业兴趣和学科特长的中学生，就给他发自主招生的入场券。这些选拔方式都是与高考、面试结合起来进行的，不光考察他们的笔头能力，而是综合考察他们的其他能力。这样我们刚才讲的一把尺子的问题实际上就改变了。变单尺度为多尺度，变单一评价标准为多种评价方式的综合，对学生能力的考察，也从某一个单项为主，变成多项综合评价。

还有一点，我们的面试是没有标准题目也没有标准答案的。我们让参与面试的每个教师自行设计面试题目，他们从事的学科不同，学术经验不同，出的题肯定也不同。而我们打分的标准也不仅仅是看是否答对了题目，而是看考生在答题的过程中展现出的思维、能力、角度、悟性以及是否有自己的想法等基本素养。从前年开始，我们邀请来自政府机关、企事业单位、科研院所的27位校友以及20余名著名中学的校长参加了面试工作。校友来自社会各界，可以从不同的侧面来考察学生，特别是学生的反应能力、实践能力。校友参加面试后，我们还组织他们座谈，听取他们开诚布公的意见和建议，以使我们的面试工作得以不断改进和完善。中学校长参加面试，除了帮助选拔适合学校的优秀学生外，也让中学校长了解大学需要什么样的人，有助于他们改革中学的教育和培养模式。

记者：其实，现在社会上对高校招生制度改革最疑虑的是其公平性和公正性，在这些年的实践中，同济大学是怎么做到公平公正地进行自主选拔的呢？

陈以一：在自主招生、多元录取过程中，同济大学尽最大的努力来处理好公平公正和大力选拔合适人才之间的关系，这是我们的基本态度。我们尽力做到这样三点：机会公平、程序公开、选拔公正。

第一，机会是公平的。比如说，校长直荐和学校推荐的机会，不仅给予所谓的重点学校，我们也给予一些办学有特色的学校。对学生来说，不仅有校长推荐、学校推荐的路子，还可以有自我推荐的路子。在校长直荐、学校推荐的过程中，我们还专门划出指标给农村的学生。我们尽可能给不同的学生相同的机会，所以说机会是公平的。

第二，程序是公开的。比如说，校长直荐，我们设置了一个环节，要求各学校把校长直荐名单公示，我们派专家到各个学校去考察什么时候用什么手段经过多长时间进行公示的。我们已经做了4年，没有收到举报，也没有发现违纪问题，所以说程序是公开的。

第三，选拔是公正的。比如说，学生笔试考场现场排队随机抽，学生面试试场随机抽，每一个试场考官的组合也是当天现场抽。就是说我们做到所有考官组合是随机的，甚至我们派到外地的考官，到了机场才知道和谁搭档。

我们邀请校友和中学校长参加，也按照这个规则组合进面试的考场。我们尽可能在各个环节上，做到公正公平。也就是说，我们既要选拔适合同济大学培养的人才，也要保证能够给社会一个满意的交代。

记者：现在也有人认为，自主招生就是掐尖、抢生源，或者就是招偏才、怪才。对这些观点，您是怎么看的？

陈以一：将自主招生变成大学到高中去掐尖、抢生源，然后大家互相竞争，确实存在这种现象，但这种现象正是我们需要避免的。把自主招生理解为掐尖、抢生源，我觉得这样的理解视野太窄了。如果说自主招生只是要把那些偏科的、特殊的人挑出来，我觉得跟我们基础教育阶段要求全面发展的原则也不相符。目前我们正在探索如何在保证"三公"的同时建立起一个更合理、更科学的选拔甄别机制，能够更多地关注学生的兴趣，同时要防止学生偏科，特别要防止大面积的学生偏科。我认为自主招生、多元录取应该关注到两类人：一类是确实有特殊才能的人；另一类是全面发展的能激发起专业兴趣的人。我们既要引导学生建立一定的人生志趣、人生导向，又不能盲目鼓励他过分偏科。怎么来设计好这样一套选拔方式，我们还要继续探讨。

对于学生的发展，大学也只是一个中间阶段，最后还要走向社会。而在大学这个环境里呆久的人，自然而然就有一种单纯学术的导向，特别是高水平的大学，选拔人的人本身可能有一定偏颇。这些年我们让社会人士介入到学生选拔中来，有企业家、政府管理者和其他方面人士，还有我们的校友，因为他们多了一份人生阅历，多了自己的切身体验，了解学校的培养怎样和社会需求相结合，找到了这个结合点，更有利于培育学生将来成才。这也是我们正在进行的一个探索。

记者：正如您刚才所说，高校招生改革是一个牵一发而动全身的事，而最先动的可能就是中学教育。高校招生制度改革一定要有利于中学开展素质教育。这方面同济大学作了怎样的探索？

陈以一：教育的终极目的是培养人。中学是培养人才的一个中间阶段，学生还需要中学后的长期培养。基于这样的考量，近几年我们采取了一系列举措，大力加强与各地中学的衔接。归纳起来，一个是开放，另一个是辐射。

所谓开放就是尽可能将校园的资源打开，让中学生能够来参与，包括建造节、结构赛、夏令营、大学生创新基地等；我们有校园开放日，欢迎中学生进来走走看看；我们的高端研究室将来也会把门打开，吸引有兴趣的高中生来。

所谓辐射，就是我们到中学去，现在校领导、职能部处领导、教授、研究生、本科生、校友到中学开设讲座、创新课程，对高中生的发展给予一些引导，告诉高中生们，大学生活是怎么一回事，让他们知道大学不光是读书的，或者说读书要和你的志趣、兴趣结合。

我们也正在把校友的元素加进去，让校友更早地告诉还在基础教育阶段的学生将来应该如何发展，现在应该做好怎样的准备。我们还通过与中学共建实验室，以协助中学开发实践课程和活动课程，增强中学生对科学实验和工程实训的成效，推进中学素质教育实施和创新人才培养，激发学生的好奇心，培养中学生的兴趣爱好，营造独立思考、自由探索、勇于创新的良好环境。这就需要我们跟不同的中学有不同形式的联系机制。"苗圃计划"就是我们探索促进大中小学教育有机衔接的一个阶段性成果。

记者："苗圃计划"的具体内容怎样？

陈以一：我们的"苗圃计划"是结合这些中学教育改革的实际情况，同时高度关注当地地域文化特色和地方经济发展需求、国家经济布局和战略调整等因素，选拔兴趣特长突出、富有发展潜质的优秀高中生，实施高中与大学互相衔接的培养。依托同济大学相关学科和专业，在这些中学创建"苗圃基地"。在较大范围的学生经过专业兴趣引导的基础上，通过兴趣小组、实验小组或特色班等组织形式，选拔符合要求的高中学生进入"苗圃基地"，由同济大学教授集中开展能力训练，提高学生的综合能力和创新意识。这些中学生可利用假期或周末到同济大学参加大学生创新训练活动，选修由同济大学教授讲授的部分前移至高中的课程，由此获得同济大学的学分认定。如这些学生在"苗圃基地"接受相关训练和培养后，达到同济大学的标准和要求，不仅可获得同济大学自主招生的相关优惠政策，而且可对接同济大学的"4+M+3"本硕博贯通培养模式，或优先进入各类人才培养模式创新试验区。

记者："苗圃计划"实施的成效如何？

陈以一："苗圃计划"的实施，把招生工作融入到人才培养的过程中，真正实现了高校在培养中选拔人才，学生在学习中选择高校和专业，将招生与人才培养有机地结合起来。在实施该计划中,学校主动牵线搭桥,让东、西部"苗圃中学"主动对接,互帮互助,共同发展,收到了良好的效果。

部分试点高中已经借助"苗圃计划"培养理念向初中推进,如上海市曹杨第二中学已经通过请同济教授面试初三的自主招生学生,进行"选苗",初步实现初中－高中－大学教育的对接,在此基础上,将进一步探索由初中教育向小学教育的推进,最终实现大中小学教育的有机衔接。

记者:近年来广大校友对母校的关注度越来越高,也希望为学校的发展做一份努力。对于招生工作,您希望校友做些什么?

陈以一:十分感谢广大校友对母校的关注和支持!首先,希望校友们利用他们的影响力,为母校与中学之间的合作搭桥牵线,毕竟,校友在各地与当地各方的联络比我们要密切,相互沟通就比较容易。其次,我们非常欢迎校友们介入"苗圃计划",从他们独特的视角,对中学生怎么成才、怎么准备进入大学教育给予指导,从关注鼓励学生的角度,校友可以在"苗圃计划"的中学设置奖学金。再次,希望校友参与招、育、迎的全过程,即参与同济大学在当地的招生工作;学生进入学校后,给予关注,提供实习实践等机会;毕业时能够欢迎学生回家乡建设美好家园。最后,除了这些具体的工作,我们也希望校友能更加关注学校,给我们提出建议和意见,帮助我们做好各项工作。

(时任同济大学常务副校长　陈以一教授)
本文原载于《同济人》,2013年第1期

"苗圃"育人，体现大学的一种社会责任

记者：王伯瑛 （采访时间：2016年3月）

1977年中国恢复高考，在那个伟大的历史转折时刻做出的恢复高考的决策，其意义早已超出了高考本身，中国重新迎来了尊重知识、尊重人才的春天和科学的春天；1985年是我国高考体制改革的重要年份，出台了一系列高考政策和实验方案，是高考改革真正全面展开的开端；1999年，教育部颁布了《关于进一步深化普通高等学校招生考试制度改革的意见》，公布了全国高考改革方案，揭开了这一时期高考改革的序幕；2010年，教育部《国家中长期教育改革和发展规划纲要（2010—2020年）》正式发布，"分类考试、综合评价、多元录取"成为高考改革的三大关键点，高考改革正式进入"窗口期"。

高校是国家考试招生改革的重要参与者，经历了复杂的过程，也有了多方的反思。在此，同济大学常务副校长伍江教授将一一展示学校在招生制度改革中的深刻思考、责任担当、积极探索和所获成果。

记者：近些年，国家出台了一系列考试招生改革方案，从2010年开始，几乎每年都有，甚至不止一个。这一方面反映了国家、社会对高考招生工作的重视，另一方面也可以看出政策的精准度或效果没有达到预期。请您谈谈您对中国考试招生制度改革的理解和思考。

伍江：这些年来，中国高等教育考试招生制度改革一直在提。但我感觉很纠结，因为从决策层上来看，似乎总是左右摇摆。

一方面，对于既有的高考制度大家都在反思，尤其是高校。高校反思的最大一个问题，就是大学几乎没有招生自主权。如何进一步提高高校办学自主权，也是国内高等教育界讨论的最重要的一个话题。对于高校的管理层来说，大家最在乎的也是办学的自主权，当然办学自主权也包括很多方面，如办学理念、招生、课程设置等。其中招生是第一站。因此，所有高校呼吁最多的就是进一步扩大招生自主权。扩大招生自主权，作为改革的措施之一，多年前就推出来了。我们学校的"苗圃计划"就是在探索一条有特色的自主招生的途径。当然，其他的高校也在进行各自的探索。

另一方面，随着自主招生规模越来越大，途径越来越多，形式越来越活，另外一个问题也逐渐暴露出来了，那就是怎么在招生过程中体现公平性，防止各种不正之风乃至腐败现象的发生。针对这一问题，决策层又转向缩小自主招生口径。现在统一口径是5%。而5%的自主招生率，对于学校招生自主权的改革来说是杯水车薪，基本无济于事，没有太大的意义。

从目前来看，高考这把尺，不管其合理性有多大的疑问，毕竟还是比较公平公正的一把尺。而这把尺最大的缺点是使我们对学生的个性特点、兴趣爱好考虑不到，更无暇顾及学生的兴趣与大学的专业是否吻合、学生的兴趣与大学的办学理念是否吻合。所以我们招进的学生，跟大学的地位、排名有关，比如同济大学总是能招到相当好的一段分数层次的考生，但是不能保证这些考生是最适合于同济的，是最适合于他所报考这个专业的。相反地，有一些学生非常喜欢同济的某些专业，或者非常认同同济的办学理念，却因为分数差一点点，他填报志愿就受到限制，他没办法跟我们有比较深入的沟通，进不了他心仪的大学。这样的情况经常会有。所以对我们来讲，自主招生还是非常有必要的。

现在这个5%，我个人认为，实际上决策层对自主招生是不看好的，但是因为大家对自主招生的呼声比较高，再加上前些年高校自主招生比较活跃，也做出了一些成果，所以决策层没有收紧、收死，还是留了一点点小口。但这个小口跟我们原先自主招生想要招的人其实是不完全吻合的。现在这个5%的定位是录取那些具有特殊才能的天才。这个好像有点难办，因为首先是有没有5%的人是那种天才，如果有，那么全中国有多少天才啊？！第二是自主招生不是只对某个大学而言的,而是面向所有大学的,这么多大学都希望招到天才。如果没有那么多的天才,自主招生这5%的名额会不会变成掐尖?如果是掐尖,那又何必通过自主招生,高考就是很好的一条路。在这种情况下,我认为对自主招生的这种定位是有问题的。

记者:自主招生政策实施至今也有10多年了,其效果如何,也是众说纷纭,褒贬不一,不同身份的人、不同方位的视角,都会有不同的观点。作为一位大学副校长,您的看法如何?

伍江:对于自主招生,我个人有一些比较清晰的看法,跟现在很多做法不太一致。我觉得大学就是应该尽可能地有自主招生的权力,至于自主招生中可能出现的那些公平公正问题、腐败问题,可以通过别的方法来解决。

比如公平公正的问题,其实我们现在对于像西部地区、贫困地区的招生都有一定的政策倾斜。换句话说,由于家庭背景的原因使得学生在分数上有一点点失去竞争力,或者竞争力不如那些城里长大的孩子的话,我们是有倾斜政策的;再比如分数差一两分的问题,实际上大学在录取过程中是有一定比例的投档名额的,也就是说投档线不是按100%卡死的,那么这个比例是不是可以再放大一些,使得我们可以在一定的分数范围内选拔到我们更希望招的也是更希望进入同济的那些学生,等等。我觉得还是有很多方法可以探讨的。

所以我觉得通过这种严格的限制甚至于停止自主招生的手法来避免自主招生过程中出现的弊端显然是不对的,这种观点我在很多地方也公开讲过。我觉得将来中国高考招生制度改革还是要进一步扩大高校的招生自主权,能够让学生更容易进入他们心仪的大学,也使大学更容易招到更适合于读这个大学的学生。高考制度不应该取消,高考分数只是一个供大学招录时的参考,是一个非常重要的参考,但不应该是决定性的,更不应该是唯一的。

当然为了避免大学滥用自己的权力,可以限定一个录取分数段,再给学校一个指导性的意见。比如同济大学在上海的录取线是不是可以在490分到550分之间,这样可以避免某些人通过关系把分数差得很多的人塞进来。

我国恢复高考已经30多年了,它的优越性已经充分表达出来,缺点也充分暴露出来了,我们现在是应该好好地加以改进而不是彻底改变。不能只看到自主招生中的弊端,就因噎废食。

记者: 社会上更多的人把高校自主招生政策理解为是掐尖,是抢生源,而同济的"苗圃计划"不是面向尖子生的吗?怎么理解?

伍江: 人才培养是目前阶段中国大学最重要的任务。同济大学作为中国的一流大学,毫无疑问,人才培养是最重要的。最近一段时间,学校也在不断强调这一点。客观上,有一段时间,我们对教学的重视不够,过多地强调提高教师队伍的学术水平。不断提高教师的学术水平,这当然是对的,提高学术水平本质上还是为了提高教学水平,但是因为强调提高学术水平以后,使得我们的教师把更多的精力放在了科研上,这就有问题了。当然,这种现象不只是同济有,所有大学都有,而且越是一流大学,越是好的大学,这个问题就越严重,因为一般的大学或者说相对学术水平不是很高的大学,几乎没有能力在提高学术水平上去竞争,所以不管它的学术水平如何,它可以把更多的精力留在教室。但越是一流大学,它越是要攀登学术的高峰,所以就出现了我们所说的"教授上课率"问题。什么叫"教授",不教怎么称"教授"?但是,在大学里教授反而不上课,这是很奇怪的一个现象。

我认为,教学包含"教"和"学"。对于一个大学来说,在抓好教师"教"的水平的前提下,学生"学"就变得很重要,"学"的高下体现出了"教"的水平。学生是原材料,通过我们教育的加工使之成为一个合格的、优良的产品,送出校门,服务社会。那么,这些学生进校时候本身素质的高低,也就是材料的质量如何,就相当重要了。而招生,对学校来讲,就是把关原材料,这非常重要。整个教育市场是一个大的竞争性市场,你能招到更适合的更好的学生,当然就有利于你培养出更好的毕业生,从一定意义上来说,就离人才培养的目标近了一步。当然,我还有另外一个观点,就是招生也不是起绝对的决定性作用,因为学校的水平高低还在于"教"。说得极端一些,就是你能把一个不好的学生教成好的,那你的水平就更高了,这也是很重要的。所以我一直坚持两点:一个是我们要尽可能地招到最适合的、最好的学生,另一个就是不要把招到最好的学生看成决定学校教育质量的唯一因素。

记者: 学校投入了相当的人力和物力实施"苗圃计划",经过这些年的实践,其成效初显,也得到了相关单位的高度认可。您认为开展"苗圃计划"最重要的意义是什么?

伍江:我理解的"苗圃计划"至少有三个意义:

第一,它能够弥补我们现有高考招生制度的不足。刚才我已经讲过,我们现在高考招生制度的不足之处,"苗圃计划"能够弥补这个不足。为什么这么说呢?因为它把招生从高考一次性的分数决定提前到了高考之前,它把大学教育和中学教育衔接了起来,所以它能够帮助我们招到更加适合于同济的学生。

第二,它能让学生提前了解大学的教育。在一考定终身制度下的那些中学生,几乎集中了全部精力在几个考试的科目上,去争取尽量高的分数,而对以后的大学学习,或者说大学的专业学习完全没有任何概念,很多人进了大学以后就不能很好地适应。而我们的"苗圃计划"可以让中学生提前了解到大学的各个专业,能够有更多的机会去思考自身的专业发展和目标、前途。

第三,它把我国基础教育和高等教育之间现有的这个鸿沟在一定程度上给弥补了,我觉得这一点也是最重要的。经过这些年的实践,我们发现至少对于参加"苗圃计划"的这些学生来说,这个鸿沟变得很小很小了。

记者:您刚才说"苗圃计划"弥补了我国基础教育和高等教育之间的鸿沟,这个怎么理解?

伍江:"苗圃计划"可以理解成是把招生工作前置。现在我们已经有高一的学生参与,我们甚至还希望将计划再向前推到初中,因为已经实施"苗圃计划"的高中也想做这个事儿。这样我们整个教育就衔接起来了。这样考生和学校之间有相当长的时间去互相了解,更有利于我们针对性地选拔适合于本校和本专业的学生,同时也更有利于学生选择他们心仪的志愿高校和专业,是双向的。

"苗圃计划"这种前置的做法,我觉得也是体现了大学的一种社会责任:帮助考生在现有的应试教育中如何更好地挖掘自己的兴趣,发现自己的才能。现在全社会都在诟病"一考定终身"的高考制度和为了应对这种制度的基础教育中的应试教育。当然各方面也正在试图改革。而我们的"苗圃计划"可以在一定程度上和一定范围内使学生(至少参与"苗圃计划"的学生)能够有机会冲破应试教育只埋头于那几门功课的束缚,来注意挖掘自己的兴趣、发现自己的才能。经过"苗圃计划"的培养,学生不一定报考同济,同济也不完全是功利性地为了自己招到学生,而是帮助社会去弥补现有的应试教育的弊端,让学生更早地发现自己。学生发现自己适合考到同济来,自然最好。但他认为自己更适合别的大学别的专业,也没关系,只要通过"苗圃计划"的培养,他有了自己的思考,有了心仪的大学和专业,那也很好。这就是一个学校的社会责任的体现。

记者: 最近有些省市比如上海市、浙江省等纷纷推出了综合评价、多元录取方案,您认为"苗圃计划"与它们相比有什么优势?

伍江: 我认为"苗圃计划"比现在上海和浙江提出来的综合评价、多元录取方案更科学。为什么?综合评价录取更多强调的是录取环节,它强调的是录取的门怎么设,而并没有强调前面的培养。当然综合评价本来就是对以前非应试部分的一种综合评价。但是这个评价只是一个后续的事情,是一个追认的,就是把学生过去这些年做得怎么样来一个评价,而不是主动地、积极地去培养他,是被动的。而且,如果把这种培养和引导完全交给中学来做,我觉得大学本身的责任就没有尽到。

记者: 您一直强调"苗圃计划"重在育苗,也体现了大学的社会责任。您能具体谈谈实施过程中的效果吗?

伍江: 大学是社会的一个重要组成部分,对于高考而言,大学又是最重要的一个部分,因为高考的目的就是进大学,所以大学本身如果不去参与基础教育阶段对学生的培养,那就没有资格去一味地诟病,说"一考定终身"不好、应试制度不好。大学你是怎么做的?到了最后录取的时候,你再说你不想招三门分数多高的学生,你想要平时更喜欢体育、社会、实践……的学生,你说这话有点酸吧。我们不仅批判这种现状,还要积极地尽我们大学能尽的责任和义务去想办法改变它。

经过"苗圃计划"培育后进入同济的学生,因为对学校、专业已经有了相当的了解,学校对学生在某一个领域的兴趣、潜质也有了充分的了解,进入大学后,他可以比没进入过"苗圃计划"的学生缩短学习时间。缩短是为了什么?缩短不是为了提前毕业,是为了有更多的机会把他大学4年的学习往前推进一步。比如说,他可以有更多的机会参加各类创新班,更加有利于他进入高一层次的专业学习,甚至于他可以提前进入我们的贯通式培养,这对于整个社会的人才培养是十分有利的。现在有不少学校积累了一些这种发现人才、加速人才培养的措施，但我觉得这些措施多多少少有一点拔苗助长的意思。人才的长成是有规律性的，"苗圃计划"就是符合这种成才规律的。"苗圃计划"是提前育，而不是提前拔。我们"苗圃计划"重在育苗，而不是选苗，当然育苗肯定也要选苗。从这个意义上来讲，综合评价和多元录取都仅仅着眼于选苗。这样一来，根本就不用担心"苗圃计划"会走歪，会成为现有高考制度中不公平、不好现象的缝隙，因为我们的目的不仅仅是为了录取，而是为了培育。

记者：您刚才说到了公平公正，这也正是目前大家对自主招生的最大担忧。"苗圃计划"有一个自己的评价体系，这个评价体系目前的权威性、科学性、影响力如何？

伍江：当然，我们"苗圃计划"的评价体系要更加规范，学生在"苗圃计划"培养过程中的成绩才能够更公正更客观地被计量。学生进到"苗圃计划"就有了一个分数，再有一个高考分，合起来就是一个总分。同济大学的目标是创世界一流大学，"苗圃计划"认可的分数其他大学也愿意认可，这就是我们的"野心"，那样的话我们同济就厉害了。据我所知，国际上所谓的一流大学都是这样的，如果说某个学生被哈佛录取了，但没去，很多其他大学看都不看就要他。当然，目前同济还做不到这一点，但是我们要朝这个方向努力，慢慢地把我们的"苗圃计划"越做越大，越做越好，能够真正具有相当的影响力，得到大家的认可。当然，我还有一个个人的愿望，今后国家的高考招生制度改革，能更多地采纳"苗圃计划"的理念，这样就可能会更快地完善现在的高考制度，改掉弊端。从这个意义上来讲，"苗圃计划"可以说是国内高校对高考制度改革的一个最合适的方法，或者说之一。

这当中，中学特别是比较好的中学的校长们更容易理解，因为他们对高考制度的弊端有切肤之感。他们不得不遵循应试教育的一套，否则就没办法办下去。他们天天在做自己认为不对的事情，所以很难受。这些中学校长们看到"苗圃计划"的培养理念很高兴。有一段时间，有不少人把我们的"苗圃计划"理解为中学校长直荐，其实这是两回事。校长直荐强调的是校长对于他所在学校学生的全面认识，不只是看一个分数，是看三年，他把相对优秀的学生推荐上来。而"苗圃计划"立足点是潜质培养。

记者：前面我们已经谈到了"苗圃计划"提前介入中学教育，那么这些苗圃学生进入大学后会有哪些优势呢？

伍江：中学生最大的问题是学习的内容基本是课本，虽然也有一些实验教学，比如物理、化学实验，但那种实验是最基本的。我现在给大一学生上课时就会跟他们说：中学老师告诉你的都是对的，所以，你的考试只要和老师讲的是一样的，你就是对的，不一样就是错的；大学不一样，大学告诉你的不都是对的，老师讲的也不一定对，教材讲的也不一定对，所以你是要批判的，你是要带着否定的眼光来学习的。这是大学跟中学一个非常不一样的地方，中学做实验是为了证明一件事，大学做实验更多是为了找到一个原来没有的东西，找到一个新的东西，所以有很强的否定性和批判性。这种观念应该从中学开始就让他们了解，否则的话，高中毕业到大学一年级根本转不过来，一到学校老师不教了，教材没有了，学生就不知道怎么办了。

我们的"苗圃计划"非常好，学生一方面还要应考，考数理化等必要的一些科目，否则进不了大学。同时也了解了这个学习方法不是唯一的，只是一个打下扎实基础的阶段，到了大学是不适用的，这个意义才是最大的，他到大学以后就很容易适应了。

很多人一直不理解教育的深层次意义，他们说美国的基础教育很差，中国的基础教育很好，能拿到各种国际比赛的奖项，可是高等教育就反过来了，美国大学一下子就把中国大学甩掉了。这是什么原因呢，我认为，不是因为美国的基础教育水平打得不扎实，而是因为他们的中小学老师管得少，没有受到很多"真理"的约束，没有"真理观"，老师也没有说过这个事情就是这样必须这样。进大学后，恰恰需要否定、质疑的思维，他们的优势就发挥出来了。而我们中国的学生呢，还是在拘泥于背过的那些东西，让他们否定那些东西很难。所以中国的学生进大学后这种转变比美国的学生难得多。然后出现了更难的，就是学习的主动性，他不知道为什么学，中学的时候是家长、校长、班主任、任课老师、考分在逼着学，进大学，这些都没有了，完全自由了，放松了。而美国正好相反，那些真正好的大学，像哈佛，学生每天只睡三四个钟头的觉。

我自己是有体会的。20年前，我在哈佛做访问学者给学生上课。我学美国老师下课的时候布置一大堆作业，开了一堆书单。我让他们做的作业是一个有关中国园林的,我想着他们应该也都没来过,顶多来旅游一两天的,大概也就是拍点照片,网上找一找资料,也就完了。那个课是一个礼拜一次,等下个礼拜我去上课时,所有学生的作业都是用A0的大纸做四五张,那个工作量,我都惊呆了。我问他们是怎么弄出来的?他们就反过来说:我们这几天都没睡觉,你逼的呀!我心想我没有逼你们啊,但是我的确说希望你们能完成。他们真的认为老师出的这个题目,无论如何要做好,我交了学费到这儿来学习,当然要拼死命地去做。当时班级里有一个学生是清华考去的,现在已经是国内很有名的设计师。他那时就说:我一直以为自己了不起,到了这儿才知道,天外有天,山外有山,我到这半年了,没有一天睡觉多于4个小时,可是每一天我离开教室的时候,他们还没有离开,而每天我到教室的时候,他们都已经到了,我作业来不及做,他们却都能做完。

所以我想,什么叫世界一流?其实人家的学生就是世界一流的。

记者:"苗圃计划"做了这么多的探索,接下来怎么能在国家整个高考改革层面有所体现呢?

伍江:从同济角度来讲,"苗圃计划"至少是试图有一些改变,让学生在中学的时候就熟悉这些东西。爱因斯坦说过:热爱是最好的老师。我刚才讲的这些东西只有到了一定的年纪才能体会,十七八岁的孩子是体会不到的。但是他有一个天性,这个天性就是他的兴趣。很多人的社会责任一开始都是从兴趣来的。毛主席一开始也没说他就是领袖,他只是比别人更关注社会、政治,最后他成为了政治家。要挖掘学生的兴趣,然后把他的兴趣最大化。一个人的能力和兴趣最大化的时候,才是他能做出贡献的时候。所以教育大体就是两件事:一个是最大限度地挖掘学生的才能;另一个是给他一个正确的价值导向。同济大学提出以可持续发展为导向,就是一种对时代的追逐,是一种价值观。

最近这一两年的招生工作,从国家的政策层面来说,对于学校更深层次的招生改革是不利的,这个也用不着忌言。但是至少还有5%的自主招生权,我们就要做好这5%,不能为了5%而做5%,而是要在这5%里体现"苗圃计划"真正想做的事情。只有做好了,这5%将来会变成10%、20%,不断扩大。如果把这5%仅仅当作决策层让大学有点"权",没权大学又不高兴,权太大了决策层又不放心，那么这5%宁愿不做。我们学校一年招4000多人，5%就是200多人，代价太大了。既然做了，就应把它做大。我们坚信，"苗圃计划"更有利于人才培养和人才选拔。

我觉得我们现在要做的是，一方面是做大，扩大我们的苗圃对象。当然我们的大学容量有限，我们不可能让全国所有的同学都来"苗圃计划"，还是有选择的，这个选择不仅仅是最好的中学，更重要的是，最能够理解同济的办学理念，跟我们最接近的、最适合于读同济的这样一些学生，这还需要适当地、有限度地扩大。另一方面是做深，所谓做深就是教授团进中学，一部分科研项目进中学，我们已经做了很多，还会不断优化和完善。

事实证明，我们的"苗圃计划"也获得了不少兄弟院校的认可。进入我们"苗圃计划"的学生也在一些兄弟高校自主招生中被录取。我希望"苗圃计划"能成为更多高校参与的、更普遍的一种做法，能成为架在中学与大学之间的一座桥梁。

（同济大学常务副校长　伍江教授）

探索选拔与培育杰出人才之路

记者:王伯瑛 (采访时间:2013年3月)

"我国教育为何培养不出大师级人才?"这一悲壮而沉重的"钱学森之问"在中国几乎家喻户晓,引起上至国务院总理下至普通学生的深思,也成为有识之士关注的焦点。这个问题,钱老自己其实是有答案的:"没有一所大学能够按照培养科学技术发明创造人才的模式去办学,没有自己独特的创新的东西。"那么,什么样的办学模式能够培养出杰出人才来呢?教育主管部门和各高校纷纷寻求解决之道。同济大学求真务实,在实践中努力探求,推出了旨在实现大学教育与中学教育有机衔接,培育杰出人才的"苗圃计划"。日前,同济大学招生办公室主任廖宗廷教授接受了记者的采访,对"苗圃计划"作了较为详细的解读。

记者:同济是怎么想到要搞"苗圃计划"的呢?

廖宗廷:首先要说明的一点,"苗圃计划"不是灵感的突显,也不是国家规定的某一项政策的具体落实,而是我们针对问题寻求解决之道的一个探索性工作,目前处于"正在进行时"状态,用一句时尚的话来说是"在路上"。可以这样说,"苗圃计划"是根据问题来的,是我们在尝试考试招生制度改革和人才培养模式改革的过程中自然产生的,可以说是水到渠成吧。

我国的高考制度恢复已经30多年了,自主招生选拔录取的改革也经历10多年了。高考的重大意义是谁都不可否认的,其历史地位也是谁都改变不了的。但长期以来由高考导致的"应试教育""一考定终身""唯分数论""文理分科"等问题已让中国教育改革与发展深陷泥潭而难以自拔。考试招生制度改革已成为中国现阶段教育改革十分难啃的"硬骨头"。还有,我们现在的教育方式,一是从幼儿园到大学,基本上是按部就班,一个孩子从幼儿园、小学、初中、高中、大学本科、硕士、博士,按照正常情况,不留级、不复读,也要到28岁或者30岁才能把书读完,完成整个的受教育过程。而且,为了稳妥地考上一个名校,现在中小学生中鲜有跳级的现象。而据西方有关专家研究统计,创新人才的创新高峰主要在25岁到35岁间,但我们的教育模式却让我们的孩子在创新高峰的年龄还呆在"教室里"。二是从幼儿园到大学各个教育相互脱节,导致人才培养目标难以一致,培养方式方法难以统一,利益追求多样化,严重背离教育规律和学生成长规律。目前的教育状况不是"诲人不倦",而是"毁人不倦"。

高校招生是创新卓越人才培养的重要环节,但不同高校在办学传统、教育理念、培养目标、学科建设、校园文化等方面都有自己的特色,在人才培养的目标和方式方法上也有其自己独特的要求。在招生选择录取过程中,也应按照学校自己的要求去选拔录取学生。但在现有应试教育的体制下,所有高校都只能根据高考分数通过计算机从高分到低分投档录取,导致学校不了解学生(包括理想信念、专业兴趣、学科特长、创新潜质、人文素养和身心健康等),学生也不了解学校(包括办学特色、办学目标、教育理念和学科特色等),一切均是"拉郎配"。

因此,我们在招生中经常碰到这样的问题,一些学生可能对于同济大学不了解,也不一定喜欢,学校也不了解他(她),他(她)也不一定适合我们学校培养,只是他(她)达到了这个分数线,报了同济,同济必须录取他(她),进校后双方都感到很不适应。还有一个现象,我们在招生咨询的时候看到的大多是家长,很少看到学生本人,而家长较多关注孩子的分数是否能进这个学校,较多关注就业率较高的热门专业,比较无视学生的兴趣、特长与追求。其实,大学招生与学生报考,就如同两人谈恋爱一样。著名作家杨绛先生曾说:"爱情就是我喜欢的人也正好喜欢我。"我觉得这也可以很好地阐述高校与考生的关系。

那么,如何克服应试教育的弊端?教育主管部门一直努力推行素质教育,倡导独立思考,培养创新意识、创新精神和创新能力。中学也积极响应,制订方案,落实措施,投入资金,买了很好的设备,建了高端实验室,但结果难发挥真正作用,甚至开展不下去。为什么?因为体制没有变,标准没有变,你投到素质教育的精力越多,就越会影响应试教育,必然会影响到学生的考试分数。考生家长、考生们自然而然就没有了参与的积极性。

而且,从现有状况来看,高中开展素质教育还有一个天然的缺陷,资金可能不是问题,而是在师资结构方面存在问题。在现有体制下,中学教师绝大部分来自于师范院校。要结合素质教育开展科学研究、工程实践、哲学、历史、人文社科、创新实践等,这些现有教师的能力是难以胜任的。为了支持高中的素质教育,我们依据各中学素质教育的不同要求,结合同济的学科优势,与中学共建实验室或共建素质教育基地等,如我们在上海中学共建了汽车实验室,在上海市晋元高级中学共建了结构实验室,在同济大学第一附属中学共建了环境实验室,在同济大学第二附属中学共建了海洋、3D打印、生物实验室等,并按素质教育要求派出专业教师去指导学生,同时也对中学的相关教师进行培训,系统训练由同济大学相关专业的教师、研究生或在校本科生参与协助完成。

通过教授与中学生、研究生和大学生与中学生的交流及探讨,我们发现许多中学生对科学研究、工程实践、产品开发等具有浓厚的兴趣,也有明显特长和培养潜质,只是没有被激发出来而已,比如上海中学汽车实验室里的几个高中生参加了全国大学生汽车挑战赛,他们的表现绝不比大学生逊色。

通过探索实践,我们发现大学与中学合作共同开展素质教育,不但能激发中学生的学科专业兴趣,培养他们的学科特长和创新潜质,而且还能培养他们与同济大学及其具体的学科(专业)和教学科研团队,甚至与具体教授的感情。通过自主招生选拔录取机制,我们把这些学生招到同济大学,发现他们进校后各方面表现都非常优秀。于是,我们就考虑是否通过深化考试招生制度改革,提出一个正式的"育苗"和"选苗"计划,这个计划努力把大学教育和中学教育贯通为一个体系,通过大学教育与中学教育有机衔接,共同引导学生兴趣、特长,促进能力和人格养成培养,努力使学生们能做到"知识、能力、人格"协调发展,为创新卓越人才培养打下坚实的基础,这个计划就是我们的"苗圃计划"。兴趣是最好的老师,只有学生对某个学科专业有真正浓厚的兴趣,才会主动去求知、去实践、去探索,从而才能取得成功。

"十年树木,百年树人",树木要有苗圃,树人更要苗圃。在"苗圃计划"实施过程中,我们不断贯彻落实学校"理想信念、专业兴趣、学科特长、创新潜质、综合素质、身心健康"的人才选拔标准,基本形成了多元评价、多元择优录取和多元培养的新机制,招生制度改革不断深化,人才培养质量不断提高。

记者:由此可见,"苗圃计划"不仅仅是针对招生考试制度改革,同时也针对人才培养模式改革。我们施行"苗圃计划",是否希望能够触动教育体制改革的本质?

廖宗廷:是的。我们希望在高中建"苗圃",引导和激发学生的兴趣、特长和潜质,而且希望相关中学向前在初中建"苗圃"。这样的话,确有潜力的学生就有可能不用花全部的精力来应付考试了。我们现在对正式进入"苗圃计划"的学生在招生政策和人才培养方式方法上都有比较大的优惠和考虑,特别突出者高考分数可降至一本线,进校后针对具体学生的实际情况,努力实施因材施教。推而广之,如果高中招生的时候也有这样的考评标准和进校后个性化的培养方式方法,学生就不必那么折腾了,还可以节约时间,打破按部就班的教育惯例,真正做到因材施招和因材施教。比如,有些人各方面能力很强,不一定需要12年的中小学教育,缩短至10年甚至9年。如果研究一下应试教育体制,其实很多时间是被应试教育浪费的,高三甚至是高二下就是在"炒冷饭",初三在很大程度上也是如此。再看高校,大四也有点浪费,或找工作,或准备考研或出国。

近几年来,同济大学探索实施了本硕博贯通式人才培养模式,很多学生就可以节约很多时间了。据初步统计,实施这一人才培养模式后,同济每年大约有200个学生可以节约一年半到两年半的时间完成学习任务。

教育部推动自主招生选拔录取改革已经10多年了,各个学校也都在积极探索,但大多数的做法还主要是出些语数外等科目题目考试,或加各种形式的面试,这些方式比单纯凭高考分数选拔录取好,但我认为这还没有触碰到问题的本质。"苗圃计划"树立系统人才培养观念,遵循教育规律和人才成长规律,以因材施教和促进学生终身发展为目标,努力促进相关问题得到解决,受到教育主管部门、中学、学生、家长、大学欢迎。初步的判断已触及到问题的本质了,但尚需不断深化。

记者:"苗圃计划"是如何实施的呢?

廖宗廷:简单来讲,我们的"苗圃计划"由浅入深大致可以分成三个阶段:

高一阶段,重点是结合高中素质教育进行,通过教授进中学、杰出校友进中学等,采用学科专业讲座等形式,引导中学生的学科专业兴趣。我们的教授或校友将向中学生介绍自己专业领域的情况,比如一个土木工程学科的教授或校友会介绍,什么是土木工程,是干什么的,未来的发展前景如何,对国民经济能起什么作用,承担什么职责,做一名卓越的土木工程师需要具有什么样的知识、能力储备。通过这样的介绍,就会把学生们的兴趣引导出来。这个阶段的人数规模是不固定的,全校高一有兴趣的学生均可参加。

高二阶段,范围就缩小了,通过由大学与中学双方协商制度的程序和办法,通过学生自愿报名,中学与大学共同选拔,把真正有兴趣、有特长、有潜质的学生选拔出来,编成一个兴趣小组或者一个创新小班等,但绝不占用高中基础课程的教学时间,而是与中学的拓展型课程和研究型课程相结合,合理利用拓展型课程和研究型课程的时间与少量的课外时间,通过设立小型课题、组织各种学科竞赛、请到同济大学来参加创新活动等,其目的主要是培养学生的综合能力,激发潜质,并培养健全的人格。我们学校推行的是"知识、能力、人格"三位一体的全面素质教育和复合型人才培养模式,知识可以通过考试考出来,但能力是考不出来的,人格更需要观察和引导。确实,我们学校通过这几年的自主招生选拔录取实践,同学们的表达能力有了明显提高。我们特别注重能力的培养,它包括提出问题的能力、分析问题的能力、解决问题的能力、表达能力、沟通能力、协调能力、组织能力和创新能力等。

那么,能力是如何培养的呢?一方面,学校拨出经费或校友设立基金,搞一些小项目,让学生自主组成几个人的研究团队,提出问题进行研究,最后提出解决方案,并尝试着解决问题。这些问题主要来自于生活,举个例子,上海某个地方污染很严重,你去调查调查,为什么这里污染那么严重,是汽车尾气的问题还是工厂排污的问题,该怎么来解决。学生去调研,大家可以分工合作,充分讨论,提出解决方案或建议或设想。我们并不指望他们的想法可以真正派上用场,能够解决实际问题,而是希望这样的训练能有助于培养学生的能力。在这个过程中,提出问题、分析问题、解决问题的能力以及团队合作精神等均会得到全面的提升。在与指导老师沟通过程中,也会有争论,有碰撞,即使失败也没关系,我们看重的是这个过程。这样,能力表现出来了,同时他的兴趣点在哪里也表现出来了,他们研究汽车尾气的问题,将来就可能跟汽车专业有关系了,甚至跟交通专业有关系了;他可能看到一栋房子怎么那么破或那么有特色,又可能跟建筑专业有关系了;看到水的问题、污染的问题,就跟环境专业有关系了。这些专业就在我们身边,不是什么高深莫测的。然后,我们把这些学生请进同济,参观重点实验室,参加结构赛、建造节、FIRST挑战赛等大学生科技活动,使他们更加感性也更加深入地了解同济、了解同济的学科专业,甚至同济的教授。

另外,在培养专业兴趣和能力的同时,我们也考察、培养学生的人格:他(她)是否孝顺父母,是否乐于做志愿者,同学关系、师生关系是否融洽,有没有远大理想,有没有大爱精神,对环境有没有关注,对生命是不是敬畏。综合知识、能力、人格全方面的考察,高二年级结束时,我们按双向选择原则,进行自主招生综合评价,评价优秀的学生就是我们的"真正苗子"了。我们可与学生签约,在满足国家相关规定或政策且后续选拔环节符合要求的前提下,学生可以享受同济大学的自主招生优惠政策。有些学生选择其他更适合他(她)的高校,我们也支持,我们还鼓励学生选择卓越联盟的高校。只要接受"苗圃计划"训练,对学生发展有帮助就行了。

高三阶段,由于对高考分数要求有所降低,学生的压力大为减小,时间也相对充裕。我们就把这个时间用上,让他们提前选修一些大学的基础课,甚至有些专业基础课和概论课等,比如外语、计算机、制图等。如果有些学生外语达到了较高水平,进大学后可以免修或申请认定部分学分。在给中学生上课和指导项目的过程中,我们也给予教授相当的权利,如果学生对该学科有浓厚的兴趣和相应的素养,希望继续跟着教授学,教授也认为该学生有培养潜质,愿意收其为徒,那么,这个学生进同济后就跟着这个教授,只要双方都愿意,可以直至博士阶段。这有利于实施本硕博贯通培养,可以大大缩短本硕博的培养时间。

我们强调招生多元化，与之相适应的就必须是培养多元化，对不同的学生有不同的培养方案，也就是因材施教。孔子在2000多年前就提出了因材施教的教育理念，其好处或优势几乎人尽皆知，但施行起来却十分不易。就拿我们同济来说，我们一年招收4000多个学生，一个班大抵四五十个人或者七八十个人，老师认识学生已属不易，要因材施教谈何容易。而"苗圃计划"的学生，高一时已与老师相识，并跟随老师做项目，彼此互相比较了解，老师可以根据学生的认知水平、学习能力和自身素质，选择适合学生特点的方法来开展有针对性的教育和引导，发挥其长处，弥补其不足。假如每年"苗圃计划"能招进二三百名学生，因材施教在一定范围内就可以实验或实现了。比如，对这些学生的基础课程学习，我们不要求他们跟着班级按部就班地学，而是达到了课程要求的水平就可以学分认定。专业课程的学分，也可以依据学生在参与项目研究过程中的综合表现由教授来认定，不一定非得坐在教室里被老师"填鸭"或"灌输"。教书的目的是为了不教，学生都会了就不用教了。

记者：那么，除了这些措施以外，还有没有一些有据可查、有案可循的检验考察学生的材料呢？

廖宗廷：当然是有的。我们为这些学生都建了档。第一份档是学生自己记录的《成长手册》，比如听教授讲座，他要记录下讲座要点、他的体会、感受与不同见解，特别是不同见解，我们希望学生有自己的想法或态度；参加或观摩比赛，要记录他的认识与收获。第二份档是所在中学记录的《成长档案》，主要是记录学生平时的学习情况和其他表现，特别是德育方面的表现，比如是否孝敬父母、是否乐于助人、是否积极参加班级活动、是否热爱劳动等。第三份档是大学和教授记录的对学生观察的《育苗手册》，主要看学生是否有专业兴趣，是否有学科特长，是否有创新潜质，是否身心健康，是否有远大理想，是否适合同济大学培养等。

记者：这些进入"苗圃计划"的学生，可以获得怎样的招生优惠？

廖宗廷：我们通过这三份档案再结合高中学业成绩等，最后把这些"苗圃"学生分成不同的层次，享受不同的自主招生优惠政策：比如完全达到标准和要求者将获得相当于校长直荐（一本线）资格；稍有欠缺但符合要求者将获得校长推荐（一本线上30分）资格；其他学生将获得自主招生考试资格。这些学生进入同济后,均承认相关培养环节学分,并对接"4+M+3"本硕博贯通培养模式,优先进入各类人才培养模式创新实验区或拔尖学生培养计划等。

记者:"苗圃计划"是如何推广实施的呢?

廖宗廷:我们提出"苗圃计划"后,特别受中学以及当地教育主管部门甚至政府的欢迎。我们做了一个计划,从10多所中学开始,逐步推进。现在全国许多重点中学特别踊跃,纷纷找上门来,要求加入"苗圃计划"。但由于是探索性工作,而且每一个"苗圃"均需要付出艰苦的努力,我们以注重过程和追求实效为目标,稳妥推进。另一原则是努力向西部地区倾斜,同时,通过同济大学所起的桥梁作用,促进东、西部中学之间相互结对,东部中学帮助西部地区中学发展。由于我国教育资源的不平衡,西部农村的孩子上好大学的机会越来越少,"苗圃计划"也许可以让西部的孩子获得更多的机会。

我们为什么要选西部与东部这样一个组合呢?作为一个大学,要有社会责任,而且同济还有对社会的庄严承诺,支持中学开展素质教育也是我们的责任。同时,我们也希望,通过这样的组合,搭建一个平台,让西部的中学跟东部的中学结对子,建立联系,让他们到东部的学校来参观考察和学习,把比较先进的教育理念、教学改革、课程设置等带回到西部去,促进西部中学的发展,同时西部高中也相当有特色,也能让东部学校收获颇多。我们实践下来,总的来看,效果非常好,同时受到东、西部中学的欢迎。

记者:同济选择"苗圃计划"中学的标准是什么?

廖宗廷:第一,我们选择的是当地最近连续三年考进同济的学生数较多的一些学校,而不是排名最前的学校。因为我们觉得连续几年考进同济的人都较多,就证明这个学校的学生或这个学校的校长是认可同济的。第二,这个中学是倡导素质教育的,他们的教育理念、培养目标与同济是相似或相近的,如上海市曹杨第二中学的德语教育、江苏省海安高级中学的创新教育、同济大学第二附属中学的工程教育、贵阳市清华中学的素质教育、上海市向明中学的拔尖创新教育实践基地等。第三,双方对"苗圃计划"有高度共识,同时又实实在在抓落实的措施和办法。

当然我们还把这些中学校长请到同济来,大学校长跟中学校长面对面沟通,带他们参观同济大学校园、实验室、人才培养基地等,请中学校长参加我们的自主招生面试等，让他们充分了解同济大学选拔学生和培养学生的理念和方式方法，双方达成了共识以后，再稳步开始实施。

记者："苗圃计划"的未来发展前景怎样？

廖宗廷：未来的发展还要取决于国家的政策和我们的条件。很多中学主动找我们要求加入"苗圃计划"，而国家许可的自主招生名额是有限的，而且政策的可持续性也可能存在变数。经过实践，我们还深切体会到要办好一个"苗圃"，需要花费很大的精力，我们要派出教授、校友、研究生、本科生和招生人员，要把学生请进学校来，要设立项目等，工作量非常大。但我们获得学校各级领导的全力支持，校长、书记每年都至少两次进中学。从现在来看，教育主管部门领导，同济大学各级领导，参与"苗圃计划"的教授、中学、学生、家长甚至媒体等，对于"苗圃计划"是高度认可的。

我们的"苗圃计划"也将在探索和推进过程中不断完善，其成败也将由实践来检验和评说。但我想，只要出发点是正确的，路线是对的，同时有各方支持和帮助，我相信"苗圃计划"实施一定能为深化考试招生制度和人才培养模式改革做出积极贡献。

（同济大学招生办公室主任　廖宗廷教授）
本文原载于《同济人》，2013年第2期

众志成城，奠基卓越

上海中学学霸很多，但从年龄段来说，毕竟还没有成熟，对自己的认识不是很清晰。从我们学校的角度来讲，是希望给学生提供一个平台，如果你有兴趣，你就可以投入进去，通过科研和实践，提高你的能力。这是我们的教育理念。也就是说，上海中学的每一个学生，不仅仅是科技班、工程班，只要你有某一方面的爱好，我们就会支持你。

我们学校的做法其实很简单，就是学校提供足够多的课程、足够多的平台，让学生去选择，找到自己的兴趣。上海中学的办学理念是"聚焦志趣，激发潜能"这8个字。现在我发现有些大学也在这样提，上次去清华，清华的一位副校长在对中学校长做报告时就提出了"聚焦学术志趣"。然后我在会上发言的时候开玩笑说，清华的"聚焦学术志趣"可能是源于我们学校的"聚焦志趣，激发潜能"，下面200多个中学校长都笑了。在中学阶段，我们就是希望学生能找到自己的兴趣点，建立一个比较高远的志向。这样他在选择大学的时候，不会仅仅看大学的名气，还要选专业方向。这也是我们建立实验组、创建科技班、工程班的一个基本想法。不能人云亦云，大家都奔着名校而不是自己喜欢的专业去。

我觉得，"聚焦志趣"首先要找到兴趣点。怎么找到兴趣点呢？最好的方式就是加强中学与大学的合作，做到优势互补。

我的理解，"苗圃计划"的目的很简单，提供的是平台(个性化的)。至于"苗圃"里的苗会长成什么样，只要他选准了位置，就让他在那儿成长。比如EP车队，

15个人,最起劲的也就是四五个人,这四五个人能再带动三四个人,这样就有八九个人比较起劲,占比就有60%左右。有几个肯定是跟在后面的。人群总是这样的,可能真正起劲的就是一两个人,有的在里面是不大动的。

我们的EP车队分成两个组:一个是整车组;另一个是发动机组。现在来看,基本上每个组也就是一到两个是比较关键的核心人物。车队有时还会专门挑选一位身材比较矮小的女同学去做驾驶员,那个女同学不一定参与整个研发过程,但她知道是怎么回事,也能得到很大的收获。

因此对我们学校来讲,我们就是提供了一片水域,让学生在里面游,至于他能不能游过去,是不是处于核心位置,不要紧的。我们希望他们在游的时候,找到自己的兴趣,发现自己在某方面的能力。在中学阶段,一般情况下学生很难定位,相比较而言,学科竞赛可能容易定位一些。比如说参加数学竞赛的学生,以后可能就会往"数学"这个方向去了,立志成为数学家,这个定位比较单纯。有很多不是这种特长性学生,到底具有哪个方面的特长,实际上是不清晰的。当然,不管你是不是特长性学生,都要以全面发展为基础。

在教学上,"苗圃计划"提供土壤,大学教授来施肥,中学老师来配合,这是不成问题的。

我们跟同济合作的是一些很有挑战性的项目,比如EP汽车项目,做一个节能汽车,学生们喜欢,我们学校的投入也是很大的。从我们学校层面来讲,对每一个学生,强调的是效率公平。在某个方向上,需要学校投入多少,我就投入多少,不会去取平均值。比如有一些学科竞赛,不需要大资金投入,但需要高水平教练指点,有一定的费用,但不多。而组装一辆车子,光车子一年下来费用就是十几万,你说我怎么平均?所以说,我们采取项目带动的方式,只要学生喜欢,愿意去做,论证通过后就给予支持。如果把学生们的兴趣调动起来了,他们就能够投进去很深,在这个过程中拓宽视野,训练思维方式,掌握科研方法。当然,我们的收获也蛮大,例如EP汽车项目,我们作为一所中学车队,与大学生一起参赛,最好名次达到过第12名,超过很多著名高校。

我们把"苗圃计划"纳入我们的研究性课程体系。在安排课程的时候,这些教授的教学计划、内容,学生的名单等,我们都讨论过。比如软件工程,我们事先有比较深的交流,第一年针对高一学生就是上课,继续感兴趣的同学高二就做研究性课题。我们希望这能成为一种模式。

这些课程是我们课程体系中的一部分，也不仅仅是与同济大学合作的，包括其他学校的，我们叫作专门课程。这些专门课程是高于中学课程的要求，有一定的科学指向，但不是大学课程的整体下放。这样做，对大学教授其实也是一个挑战，他要去琢磨中学生能做什么，能接受什么，既要专业又要科普。这些工程系列的课程在中学阶段本来就很少，同济的那么多实验组，填补了这个空缺，现在有大约70%的学生参与了我校的实验组课程。我们也清楚，对于上海中学的学生来讲，未来除了从事基础学科和文科方向的工作以外，可能有相当一部分是从事工科类专业的。如果在中学阶段发现自己的兴趣，能够有明确的定向，他以后报考大学选择专业就不会很盲目了。

同济"苗圃计划"在我们学校的影响是比较大的，有一个很好的开端(协议签订的当天，周祖翼书记就给上海中学全体师生作了一个介绍同济基本情况的精彩演讲)。我最喜欢的关系是朋友关系，也喜欢用朋友思维来看待事情，朋友思维最核心的一点是多关注对方的优点。这个看上去只是两个人之间的交往关系，实际上项目合作也是一样的道理。我们的合作比较自然，谈好以后就实施，当中没有什么太多的波折。我觉得在上海中学与高校合作这个蛋糕里面，同济的份额可能会越做越大。

我希望同济让更多的教授参与进来，如果同济参与"苗圃计划"的大牌教授越多，就表明学校对这个计划的认同度越高。这样，不仅仅是"苗圃计划"项目的升温，我想可能对同济整个学校凝聚力的提升都有好处。我们学校招生的时候，我希望每一个教职工都有机会参与到招生工作中来。你想：你自己招进来的学生，你会没有感情吗？会不认真教吗？因此，教授参与"苗圃计划"也利于同济招生。此外，大学教授在大学里讲的那些东西，要思考怎么样往中学去渗透，这样对大学教授来说，也是一个知识反刍消化的过程，我想对他的科研应该也是有帮助的。

（上海中学校长　冯志刚）
来源：《"苗圃计划"为学生提供了一个成长环境》

培育适合在同济土地上成才的好苗

记者:王伯瑛(2013年3月)

随着我国社会经济的快速发展,对人才需求多样化的趋势越来越明显。同时,我国高等教育也得到了快速发展,原来的精英教育正在向大众教育悄然转变。为适应社会的发展和教育的转变,中国教育体制必须改革。其中,高校招生制度的改革是中国教育改革的关键。传统的高考制度必须改革,高等教育需要多样化的招生制度。近些年,教育管理部门已经推出自主招生政策,可谓高校招生改革的破冰之旅。各高校也在积极探索,纷纷试水,推出举措,在尖锐的质疑和多样的解读中艰难地寻找突破口。

在探索招生改革的实践中,同济大学领导与招生部门负责人越来越清晰地认识到,教育的终极目的是培养人,而人才培养是一个系统工程,中学是人才成长的一个重要阶段,因此高校招生不仅仅是高校的事,而是与中学教育密切相关的,要实现大学教育与中学教育的有效衔接。如何有效衔接?如果把招生比喻为选苗,那么中学就是育苗,要选拔适合到同济的好苗,最有效的方法就是关注、参与育苗的过程。简单地说,就是参与中学的教育。同济把这一举措命名为"苗圃计划",并在全国10多所重点中学施行。2012年3月,同济大学"苗圃计划"率先进入上海市曹杨第二中学进行试点。同年7月上海市曹杨第二中学正式挂牌成为同济大学"苗圃计划"德语理工实验基地。经过1年的实践与探索,同济大学"苗圃计划"曹杨二中德语理工实验基地的运行情况如何?作了怎样的探索?取得了怎样的成效?还有哪些问题需要思考和解决?带着这些问题,日前,记者走访了曹杨二中王洋校长。

记者:据我所知,同济大学"苗圃计划"曹杨二中德语理工实验基地的建设,得到了上海市教委的高度重视和大力支持,认为这是高中课程改革的一个新思路、新方向,也是大学自主招生的一次有益探索。王校长,曹杨二中是怎么进入同济大学苗圃计划的?

王洋:两个学校的合作,也犹如两个人的姻缘,总要有些相同的、相通的东西,才可能走到一起。众所周知,同济大学是由德国人创办的百年老校,与德国有很深的渊源关系。近年来,我们曹杨二中与德国的交往和教育合作也越来越深入,2009年我校正式挂牌成为德语语言证书DSD(Deutsches Sprach-diplom)的项目中国学校。DSD证书是在世界范围内提供的德国大学入学语言证明。我们之所以要引入该证书项目,不是单纯地为了让学生多学一门外语,而是看中了其背后的德国科技与文化。因此,以DSD项目为基础,我们从德国聘请了资深教学专家,参照德国一级文理高中的课程标准对我校德语理工实验班的课程进行了改造,使之从单一的语言文凭项目演变为能够与德国精英大学预科直接接轨的高中国际课程。

我校的探索得到了德国教育部外国学校司、DSD项目、德国驻上海领事馆、联合国教科文德国总部及卡尔斯鲁厄大学、汉堡大学等德国精英大学的高度认可与评价。德国教育部前部长、ZFA外国学校司司长、德国驻沪总领事、联合国教科文柏林办公室主任等德国政府与教育官员先后多次来校视察,并给予我校DSD项目大力支持,除了向我们资助大量的教学设备和德文书籍,还长年向我校派驻德国资深高级教师、德语助教;为我校的德语教师提供在德国与中国境内的教师培训与工作机会。因此,曹杨二中的德语项目从一开始就有了较为鲜明的德语理工方向的特征。

2011年底,同济大学来我校自主招生,在会谈过程中,双方发现同济大学以德语为背景的相关院系与曹杨二中DSD项目在对学生的选拔与培养、师资选拔等很多方面有着共同的追求与理想。此后,两校陆续举行9次会谈,探讨如何强化高中课程。通过培养学生动手能力、模型设计能力、解决真实问题的能力以及复杂思维的能力,从而达到卓越工程师的早期培养目标。由此,我们学校因德语、理科特色被选取为首批"苗圃计划"实验基地。之后,我们成立了基地专家组,经由专家组论证,并初步确定了实验的课程方案、选拔标准、评价体系、实验范围、师资团队、同济自招政策等。第一阶段课程从2012年7月启动,同济大学"苗圃"招生政策将惠及实验基地2013届毕业生。

记者:这样看来,同济与曹杨二中确实有很好的合作基础,并可由此提出明确的培养目标。

王洋:正是如此。基于双方的办学基础和理念,我们提出了三个培养目标:一是未来拔尖创新人才。通过两校的联合培养,由大学教授、德国专家在中学阶段直接参与人才选拔与培养,为大学阶段本硕博连读奠定基础。这也是进行创新人才早期培养的一种探索。

二是未来卓越工程师。通过德语理工实验项目发掘学生的创新潜能与特长,努力培养具有国际视野的优秀理工科人才,能够赴德国接受高等教育、学习先进的科技知识,成为未来的卓越工程师。

三是未来跨文化专业人才。掌握德语特长,通过专业研修,这些苗子将在各领域内成为跨文化专业人才,在迅速发展的中德合作事业中脱颖而出。

记者:作为一个中学校长,您是怎么解读同济"苗圃计划"的呢?

王洋:"苗圃计划"旨在更新人才培养观念,探索系统化、多样化人才培养模式,落实大学教育与中学教育的有效衔接。因此,不能孤立地看"苗圃计划",而是要与同济的培养目标、培养模式、培养过程联系起来,或者融合起来。

同济大学具有百年高等工程教育的优良传统,提出"卓越工程师教育培养计划"的方案,实施工程教育改革,其主要目标是培养一批具有国际眼光、通晓国际规则、具有国际竞争力的高级专门人才和拔尖创新人才。而针对卓越工程师教育培育计划,同济大学施行"4+M+3"人才培养模式,也可以解构为:中外联合培养、本硕博连读(弹性学制)、加速学习计划、个别化、导师制。

其实,这个人才培养模式可以前移到中学,如个别化学习计划。在现行的教育体制中,教学内容过于整齐划一,评价过于标准化,缺少针对特殊人才的培养方案。在我的理解中,"苗圃计划"就是一个教育试验田,它是大学和高中一起努力尝试教育改革的试验田。大学教授来到高中,在高中教育的基本框架下,让那些对某些领域有兴趣又显露出一定潜能的学生参加到实验中。通过高考的适度松绑,让这些学生从反复操练的题海中解脱出来,从标准化的评价中解脱出来,获得自己个性化的学习与发展。

在个性培养的过程中,就要有导师来指导,培养解决特殊问题的能力。在开展创造性工作、经验积累与培养工作能力的过程中,学生与导师共成长。然后进行策略性学习,形成具有自身独特性的思想,从而超越大师,成为新的大师。

由此可见,"苗圃计划"是中学与大学共同完成卓越工程师培养的施工图、路线图,绝不是抢生源,而是有自己独特的计划、独特的标准,参与育苗。中学做中学该做的事情,大学做大学该做的事情。大学与中学一起做有利于国家民族的教育改革,一起为我国摆脱目前的教育困境而努力。

记者:"苗圃计划"参与中学育苗的过程,必然会对中学教育产生影响。

王洋:我们一直说高考是中学教育的指挥棒,确切地说,应该是招生是中学教育的指挥棒。招生的新思路、新探索,倒逼基础教育要转型:价值取向、育人模式、教师专业成长、评价方式、教育管理等都要转型。比如,价值取向从育分向育人转变(人格培育),高中具有自己独特的价值,不是大学的预备教育,应强调人格养成。育分是表面的、短暂的,育人是内在的、长远的。中学生世界观正在形成期,不能只是大学(或者是职业)准备教育。高中是从未成年人走入成年人的时期,是人生观、价值观形成的最后最关键的时期。中学要做到不伤苗。

记者:你们对申请进入"苗圃计划"的学生是如何选拔的?

王洋:自主招生是社会关注的热点,招生制度要改革,也要公开、公平、公正。为此,我们进行了认真的研究,制订了规则。在学校高一选苗时,主要是基于学生自身的兴趣,在自愿报名的基础上,由"苗圃"专家组对学生进行选拔。一般来说,学生人数在50人左右。经过1年的德语理工实验基地的学习,一些对理工科或德语学习没有兴趣的学生自然会选择退出"苗圃计划"。在高二开始的时候,我们还会对学生进行一次评估,评估学生有没有创新的潜质,是否适合继续参加"苗圃"培养。这方面,我们已经与同济的专家一起制订了详细的评价体系,我们更加注重的是过程性评价。目前,3个年级共计117人参加了"苗圃"培养计划。

记者:万事开头难。你们做了许多开创性的工作,付出了许多艰辛。您觉得最大的收获是什么?

王洋:确实,做这项工作,没有参考与借鉴,我们只能摸索着前行。而且,我们也知道,这样的探索不仅仅关联到一两所学校,而且在一定程度上关联到高校的招生改革和中学的课程改革。所以,我们每提出一个思路、一个方案,都是慎之又慎。教育可以改革,但学生不能成为实验的牺牲品,因此我们每一步的推进和落实,都经过详细、反复、周密的研讨。值得欣慰的是,经过大家的共同努力,我们的"苗圃"已经颇具雏形。

目前进入到曹杨二中的同济大学"苗圃"课程有:大学专业导读、大学创新实验项目、机械制图与CAD、大学德语等课程,此外还有同济科技德语、科技夏令营、汽车拆装实验、FIRST汽车观摩赛等实践类课程。我十分感谢那些参与到曹杨二中"苗圃计划"的专家教授们,同济大学中德工程学院、汽车学院、交通运输与工程学院、机械学院、德语系的专家教授在曹杨二中上课累积达到116课时。同济大学课程进入高中之后,引起了学生们巨大的反响。中德工程学院向我们全面开放了大学生实验室,为高中生打开了一个德语与理工的世界。通过这些课程,学生们对于未来职业的理想不再是空洞地局限在教师、医生、律师、工程师这样一些表面的概念。学生开始对照着专业的要求与未来发展,审视自己的兴趣、能力与特长。有一些学生明确表示自己不适合德语理工基地所对应的同济大学的5个专业方向,申请退出"苗圃计划"。但更多学生的专业兴趣被激发了。例如通过杨东援教授的讲解,他们明白了什么是交通工程师,交通运输工程力图解决的问题是什么,未来的交通系统是怎样的?他们也对交通工程师面临的挑战跃跃欲试。基于这样的兴趣,一些学生对学校门口的交通设置、校园大门的改建都提出了自己的看法。学生们还踊跃申报同济大学学生创新课程,申报了18项,经过最终审核,有11项课题上报。这些课题涉及环保、汽车设计、消防逃生、交通运输等多项领域。虽然稚嫩,但是从中还是可以看出学生们大胆的想象能力与创新能力。

因此，我们的收获有很多，最大的收获是我们共同为学生打开了一个全新的天地，让他们有机会在做出选择前去看一看，去体验一下。

记者：一个好的改革方案、探索思路要顺利实施，要有合适的氛围和必要的条件做保障，实践的过程中必然会碰到许多问题。王校长，您觉得目前最大、最紧迫的问题是什么？

王洋：同济是一所出了名的严谨的学府。我用工程施工来比喻，教育也是一项工程，一项最马虎不得的工程，可惜现在的教育都被做成了统一的宿舍楼工程。我们要做的不是追求高楼大厦，而是由同济大学和高中共同精心规划，力争为每个学生画出符合他发展特点的施工图。再由同济大学的专家带着中学老师和学生一起把这个属于他自己的工程造好。在这个过程中，有三个关键环节：选拔标准、课程标准、评价标准。其中什么样的课程是适合于各个苗圃基地的，又要如何去评价经过苗圃培养的学生都是我们目前直接面临的问题。我认为同济大学必须建立自己的课程认证体系，实际上这也可以理解为同济的 AP 课程（AP 是 Advanced Placement 的缩写，是指由美国大学理事会提供的在高中授课的大学课程。美国高中生可以选修这些课程，在完成课业后参加 AP 考试，得到一定的成绩后可以获得大学学分。）根据这样的要求，学生就可以有个别化学习课表、学分。不同的学院可以提供不同类型的学分菜单，供学生选择报考。我觉得这样的方式也可以引导中学的改革。

此外，就是经过苗圃选拔之后的学生在大学的后续培养，要有系统培养方案，以培养高端创新人才为目标，回归到"苗圃计划"最根本的出发点：为国家的发展培养卓越工程师。这样，"苗圃计划"才是真正有意义的，也可以获得可持续的发展。

（上海市曹杨第二中学校长　王洋）

第二章
园地争鸣

导语:教育是一个系统工程。相对于大学阶段的教育而言,学生在小学、初中、高中得到的知识和获取的能力以及养成的人格十分重要。尤其高中阶段,是人生观、价值观养成和个人兴趣、习惯、独立性及责任感培育的关键时期,这些涉及学生天性和个性的素质对于学生创新意识的培养和终身发展具有奠基性意义。在这一人才培养过程中,着眼于大学、中学衔接的"苗圃计划"能做什么?要做什么?如何做?这些均是在教育理念层面迫切需要解决的关键问题。

同济自主招生不是到瓜田里摘瓜

我们过去讲的好学生的标准是德、智、体、美全面发展的学生,同济也希望招到这样的好学生。目前教育存在一个很大的问题就是围绕应试教育、分数教育转。同济的招生改革希望为中国的整个教育改革做一点贡献,这个教育改革不仅是大学的,还包括中学的。我们的自主招生更注重学生是否有兴趣、有爱好,是否有很强的动手、实践能力,是否有很强的社会责任感。

不管是做哪一行,确实要有兴趣才行,所以同济非常希望能够招到一些有兴趣爱好的学生,比如他们非常热爱科学技术、建筑或者桥梁,我们希望学生有这样的爱好、追求,而且持之以恒。

我们为什么要在机制、体制和全面的人才培养方面进行大动作的改革,就是希望能够培养具有创新能力、创新思想的人才。我觉得最重要的是通过实践、行动来改变现状。创新的一个宗旨是要彻底改变分数至上的现状,要强调学生的能力培养、素质教育。

创新人才要有爱好,因为爱好才能驱动创新;要胸怀大志,耐得住寂寞;要能埋头苦干。心态浮躁、急躁、焦躁的人不可能做好创新工作。同时,学科交叉也非常重要。

我觉得理想的状态是,他的底蕴非常雄厚,厚积薄发,就像做工程一样,基础一定要打牢,有工程基础,还要有科学的精神,永不满足、永远批判、永远向上;同时还要有人文素养,包括社会责任感、文化修养、道德情操培养、艺术欣赏、鉴赏力等;还要有国际视野,才能成为社会栋梁。总结起来就是工程基础、科学精神、人文素养、国际视野、社会栋梁。

(时任同济大学校长 裴钢院士)
本文原载于《南方日报》,2011-12-01

上海应率先推进考试招生制度改革，为国家教育改革提供示范
（上海两会提案摘录）

考分成为选才的主要标准，学生全面发展受到严重影响

在目前考试招生体制下，学生成功与否以部分考试科目的分数为主要标准，学校成为按考试标准改造人的"教育机器"，学生素质、能力和人格养成培养受到严重影响，从而出现学生高分低能、创新潜质缺乏、学习积极性不高、人格不健全等局面。

教育过程按部就班，因材施教成为空喊的口号

按现在的学制，从小学开始到高中毕业需要12年时间，进大学后，本科4～5年，硕士生2.5～3年，博士生3～4年。如果一个人从7岁开始读书，接受全过程教育，要到28～30岁才能毕业。国外针对天才、著名科学家或诺贝尔奖得主创造力的年龄研究发现，这些大师级人才的最佳创造力年龄在30～40岁之前。按照中国现有教育模式，创新高峰期的人都还呆在教室里。初步分析一下中国教育现状，学生的许多时间都是被体制浪费掉了，初三、高三都为应试而反复操练，大学各个环节也存在类似情况。更何况每个学生学前教育、智力发育存在差别，努力程度也不同，一些先天与后天条件好的学生不需要这样多时间就能完成各阶段学业。同济大学的改革实践证明，通过本科－硕士－博士贯通式培养，相当部分学生可节约1.5～2.5年的时间，而且他们的成果一般也更为突出。因此，要培养创新人才，必须彻底改变这种状况。

（同济大学招生办公室主任　廖宗廷）

从人才培养的高度实施"苗圃计划"

海安中学是2011年开始参与"苗圃计划"的。因为"苗圃计划"不是简单的选拔而是过程培养,所以只要对科学探索有兴趣有意向的学生都可以报名,不管成绩如何。也就是说跟成绩无关,跟兴趣、志向、潜质有关。而且从学生一进高中就开始了。学生报名后,专家进行面试,根据学生

的知识背景、学科背景、兴趣爱好作为参考进行选拔,最终确定50人左右。我们学校一个年级学生总数大约800名左右,这样"苗圃计划"选拔录取的比例已经相当高了。

然后对这50名学生进行基础知识、基本技能等方面有针对性的培养。同济的教授就到中学与学生直接见面,有的还与学生单独面谈,了解学生的知识背景和学习意向;有的开设讲座,面向所有报名学生宣讲一些普及性的常识。每个学期都开展这样的活动,同济教授与"苗圃"学生互动。在这个过程中,建立了考评机制,像研究生教育一样,先有选题,然后进行开题和研究。当然,这些选题和研究都是以小组合作的形式进行的,研究课题基本也是对普及性常识运用,而不是高精尖的项目。我们始终认为,做这个项目的出发点是让学生了解研究方法,而不是真正的研究成果。

在做课题研究的过程中,有的学生意识到自己不适合这个学科,就主动退出了;有的学生是老师通过观察、考核、评估,认为不适合这个方向,被淘汰

了。从高一到高三，每年大约有1/3的学生退出或淘汰，最后大约有20名学生留下。这20名学生都有一定的成果，成果的质量也超乎我的想象。

总之，5年下来，我对"苗圃计划"是相当满意的，同济大学招生办以及参与的教授们对我们的学生也是相当满意的。

并且我始终觉得，一个人的习惯很重要，读书和动手实验是对人生影响深远的两个习惯。我们不能把学生一直关在教室里读书，我们还要让他们走进实验室动手。"苗圃计划"不仅仅是做研究课题，还把学生邀请到学校去，参加建造节、机器人比赛、结构赛、夏令营等。说实话，很多中学生没有进过大学校门。同济把门打开了，使中学生对大学有了直观的了解。通过参与各类活动，也知道了什么是研究，这对提升中学的办学品位，增强教育内涵，起到了举足轻重的作用。在这个过程中，不仅学生得到了提升，我们的中学老师也得到了提高。我们不像上海的中学那样因为地域优势有很好的资源，我们地处县城，各种资源受到很大的限制，特别是教育资源，我们很难借助社会力量。我们的中学老师就跟在同济的教授后面学，得到了培训提高。在同济教授的指导下，我们学生研究的课题参加了江苏省中学生创新大赛，获得一等奖，还将参加全国比赛。这都得益于同济，得益于"苗圃计划"。

我们还希望学生不仅仅接触中学老师，也能接触大学老师、学者，开阔视野。曾经有一年，我们实名推荐一名学生参加北京大学的面试，这个学生平时成绩很好，但站在面试官面前，自始至终一句话也没有说出来。不是因为他不会讲，也不是不想讲，而是太紧张了。为什么？从来没有在大学教授面前讲话的机会。我觉得这是我们教育的悲哀。"苗圃计划"给学生提供了这样的机会。

（江苏省海安高级中学校长　吕建）

来源：《从人才培养的高度实施"苗圃计划"——江苏省海安高级中学校长吕建访谈》

同济"苗圃计划"是来真的

同济"苗圃计划"某种程度上是在探索解决大学与中学的衔接问题。

我们的教育分为基础教育和高等教育。相对来说,基础教育各阶段之间有衔接,比如原来有很多中学是完全中学,就是一个中学有初中部和高中部,这样本身在学校里面就有衔接。并且,我们的基础教育又是九年义务教育,国家统一规划,虽然学生从小学升初中、初中升高中都需要适应,但是相对来说要容易一些。而基础教育和高等教育之间是不衔接的,原因有很多,但我认为最主要的还是因为高考这根指挥棒,高考的评价标准决定了这种不衔接。为了获取高分,很多高中生在学校只注重分数,不注重思想方法或者思维方式的培养和训练,学校也缺乏对他们的学习方式和生活方式的引导,基本上是灌输、填鸭的方式。这些学生进入高校以后,无论在学习方法、思维方式还是生活方式上都无法适应。

因为高校基本上是自主管理,大学精神倡导的是独立人格和自由思想。可以说,这与中学的教育是大相径庭的。所以,我觉得同济的"苗圃计划"某种程度上是在探索大、中学怎么衔接的问题。

(上海交通大学附属中学校长　徐向东)

切实推行"苗圃计划"

中学和大学真正结合起来做一些事情还需要进行很好的探究。关于"苗圃计划",从中学的角度看,有三个方面是非常需要的。

第一是课程,将中学的课程设置得很专业是不可能的。比如按照土木工程的方向来设置,就为时过早了,学生也不容易接受,但是对有工科选择意愿的学生来说,做一些通识的专业基础教育,是可以起到一定的引导作用的。课程是很讲究体系的,所以我觉得怎样做好相关的课程设置是一个重头戏,也很值得我们去下功夫。

第二是项目,我们参加了同济大学的结构赛,这个比赛当时引起了很多学生的兴趣,因此我们也在自己的学校举办了一个小型的结构赛,并成为科技节的一个很重要的内容。如果单凭中学老师是搞不出这样的项目来的。

第三是实验室,培养人是要有载体的。课程是一种载体,项目也是一种载体,但是物化的东西还是要有的,我校就希望能够做一个实验室。同济大学实力很强,可以根据不同的专业有不同的选择。我建议同济大学在实施"苗圃计划"时设立一个激励机制,激励同济大学的教授们愿意去中学讲课与指导。

(时任山西大学附属中学校长　杨素珍)

"苗圃计划"踏准了我国教育改革的节拍

记者：王伯瑛 （采访时间：2015年7月）

"国家高考制度的改革，意味着对学生的考察从单一到多维度的转变，这是一个进步，一种完善。同济大学'苗圃计划'踏准了这一节拍，已经实践了5年，证明方向是对的，成效也是明显的。"在访谈中，芮仁杰校长这样明确地说。

记者： 据我所知，向明中学是最早参加"苗圃计划"的学校之一。请问芮校长，当时您是如何果断地作出与同济大学合作的决策的？

芮仁杰： 我们向明中学是上海市实验性示范性高中。早在20世纪80年代初，就提出了"坚持全面发展，发挥个性特长，培养创造才能，造就四有人才"的办学思想，开展了中学创造教育的实践与探索，开始注重学生素质能力的培养。到20世纪90年代后期，学校提出了"以学生可持续发展为本，让每个学生在创造实践中成长"的办学理念，确立了"培养学生创造素质，塑造创造性人格，形成具有综合能力和国际化素养的创造性人才"的培养目标，构建以德育为核心、以创造教育为重点、以素质教育为根本的向明创造教育课程框架，从而形成"基础+特长→创造"的办学特色。在"十二五"规划中，我们明确学校特色就是发挥个性特长，培养创造性人才。众所周知，我国的高中教育普遍存在同质化情况，要办出特色，就必须通过改革走出一条新路。怎么改革呢？如何创新呢？我们一直在思考。

在2011年上海市召开的有关教育改革的研讨会上，同济大学招生办主任廖宗廷教授介绍了同济大学人才培养的理念和教育改革的设想。我觉得同济的办学理念与我们向明中学的办学理念相吻合,我们的思考与同济的思路不谋而合。我们当时提出了"3+1+1+X"的培养模式。"3+1"就是按照高考对科目的要求;"1"是从未来人才必须具备有现代信息技术考虑的;"X"就是提倡个性发展,要求每个学生在某个方面出类拔萃。于是,我们当即进行了沟通,并表示愿意参加"苗圃计划",并成为最早参与"苗圃计划"的中学之一。几年实践证明,我们是双赢的。

记者:在实施"苗圃计划"的过程中,您最大的感受是什么?

芮仁杰:第一,"苗圃计划"确定的改革方向是准确的。今年高考的方案与我们当年的想法是吻合的,也就是不能把分数作为录取的唯一维度,而是需要综合考量;第二,打破了"一考定终身"。在政策层面,设计是科学的、合理的,关键在于操作上如何做到诚信公正。如果操作过程出现了问题,就可能殃及到政策的正确性;第三,我们要认认真真作为一项重要事业来做,这对学校的发展、对国家人才培养都是有好处的。

我们与许多顶尖高校接触也很多,说实话,就我所知,他们也有所谓的方案,但最终目的还是"掐尖"。近期看到媒体报道,北大、清华在用各种方式"掐尖",我觉得这是中国教育的悲哀。试想,如果北大、清华还觉得自己的生源不好,那别的高校该怎么办? 就如我们学校,虽然每年的生源会有变化,但我们对自己的认识很清楚,我们有自己明确的定位,我们不会盲目地与上海的"四小龙"去攀比、竞争,抢来抢去没有意义。我觉得高校也要有自己的定位。

其实,对于一个学校来说,无论是大学还是中学,生源是一个方面,更重要的是办学的指导思想,人才观很重要,是不是考高分、会刷题的就是好学生,就是人才呢? 人才是一个复杂的多元体,分数只是其中的一个方面。我认为至少必须具备想象力、批判精神、持之以恒的毅力这三个方面。

人的发展是多元的,国家对人才的需求也是多元的。人才的培养是一个复杂的系统工程,而我们的社会把复杂的事情简单化了。比如,社会的用人制度就存在严重的缺陷,如环卫局招录清洁工要求本科以上学历,这个影响是比较大的,以前家长教育孩子的时候是这样说的:"你不好好读书,将来就去扫垃圾。"现在变成了这样:"你不好好读书,将来连垃圾都没得扫。"我认为这只能说明人才的浪费,而且只能让人感觉追求高学历是人生的唯一一条路。

当然,如何培养人才,如何用好人才,这是一个系统工程,单靠教育是远远不够的。但我们只能做我们能够做的,就是人才培养的多元化。"苗圃计划"就是一个开拓性的思路。

记者:您觉得向明中学实施"苗圃计划"后的最大收获是什么?

芮仁杰:最大的成就体现在三个方面:一是对我们学校的师资帮助特别大。我们配备的师资基本都是国家课程的师资,而多元化的教学课程体系的设计,突显出了这方面师资的不足。同济给我们提供了很大的资源。二是拓宽了我们的教学思路。中学老师与大学老师的思路有很大不同,因为长期在分数的压力下,中学老师免不了已形成思维定势,熟练做题是强项,而科学思维就显得有些不足了,同济教授带来的就是科学思维。三是对我们学校的教育体制改革起到了助推器的作用。同济教授每周都来我们学校讲课,有一个完整的体系,为我们能够真正落实选修课的讲师团创造了条件。

记者:您认为"苗圃计划"的最大亮点在哪里?

芮仁杰:与国家高考制度的深化改革思路相吻合,并且已经付诸实施,积累了经验;同济有宽广的胸怀,允许经过"苗圃计划"培育的学生选择其他高校就读,值得推广。

记者:"苗圃计划"还有哪些方面需要完善?

芮仁杰:第一,教学理念的对接。大学教师与中学教师的教学理念有很大不同,没有谁对谁错,因为目标不同,一个是升学,一个是培养人才。我们有必要加强交流,进行有效对接,提升教学效果。

第二,加强对学生职业生涯的熏陶。从兴趣出发,培养学生的志趣,铸就学生的志向,把兴趣转变成未来的志向。实际上现在的学生人生理想、职业规划等方面都很缺乏。

第三,要加强宣传。介绍同济的学科实力、师资力量、专业前景、校友成就,让中学生对同济有更全面深入的了解,"苗圃计划"的吸引力、影响力也会更大。

(上海市向明中学校长 芮仁杰)

"苗圃计划"应该并能够成就什么?

同济大学推出"苗圃计划"的目的,就是想努力弥补目前高考招生中存在的只考虑"招分"而不是"招生"的裂痕。在"苗圃计划"实施过程中,我们的努力方向就是招生办法的完善,以期可以缓和"招分"不"招生"造成的矛盾。因此,"苗圃计划"应该坚持下去,并且不断地总结、改进,如果能够做出特色或者形成学校的品牌,即便需要增加人力、物力的投入,也应该在所不惜。这种努力的结果是为中国教育制度和事业的改革做贡献,至少还可以提高同济大学的社会影响和声誉。所以,"苗圃计划"是在目前招生状况下的一种尝试,顺应了习总书记所说的"以积极主动精神研究和提出改革举措"的要求。

中共十八大将"科学发展观"提升为中国共产党领导全国人民进行中国特色社会主义建设事业的指导思想,不仅是我国当前统领社会经济发展全局的重要指导思想,而且是实现全面建设小康社会和社会主义现代化国家必须长期坚持的重要指导思想,当然也是高校教育改革的指导思想。因为社会经济的发展、社会主义现代化国家的建设都离不开人才的培养,人才的培养则要靠教育,所以说教育改革也要坚持科学发展观。

科学发展观要求必须坚持发展的协调性。以学校来说,招生制度相对于教育事业发展滞后的现状,势必会影响到学生招收、人才培养及整个学校教育的进一步发展。我国高等教育的发展目前还不均衡,尤其需要追求学校和教育系统内部的协调发展,才能促进教育事业的进一步全面发展。"苗圃计划"的工作方向就是追求和推进招生与培养的协调。

科学发展观还要求必须坚持发展的全面性,针对学生个体而言,不能只是教会书本上的知识、只求良好的考试成绩,还要能够发掘、考察、培养学生在知识学习以外的各个方面,这就应该促使中学生有机会离开课堂,让其有更丰富的人生阅历、有更多的动手和表达机会、有更早接触专家的场合,等等。唯其如此,"苗圃计划"才能谈得上是符合教育是为了人的全面发展之宗旨。

(同济大学马克思主义学院党委书记 张劲教授)

"苗圃计划"为高校选拔"适切性"人才提供了新思路

"适切性"是指学生的特质、兴趣、知识基础等能够很好地符合高校各学科专业的特点、理念及培养体系。

以同济大学为例,同济大学以理工科见长,建筑、土木、汽车等专业久负盛名,吸引了全国各地的优秀学子。而在相当长一段时间内,考生们报考各专业的主要参考因素可能不是内求(如兴趣、知识特长等),而是外求(如专业强弱、就业前景等),造成一部分大学生的特质与专业并不匹配。

大学作为社会重要的组成部分,不但要服务于学生的成长,也要服务于整个国家和社会的发展。现今,大学教育更多的是关注如何输送人才以及输送何种人才的问题,在一定程度上与如何选拔人才的问题脱节。如果能够处理好选拔与输送两个环节,实现人才的贯通式培养,以期实现服务学生、服务社会的目标。

如何能够使大学生经过高等教育之后,发挥天赋,激发创造力,成为能够迅速适应社会需要的各行各业的领军人才,充分考验着高等教育的"中间调节"功能。高校招生机制承担着为高校选拔人才和引导基础教育顺利实施素质教育的双重任务,直接影响着人才培养的取向及质量,其招生取向、录取程序、录取标准等都对人才的选拔及培养产生着重要的影响。高考改革需要实现学生全面考查与个性发展的结合,实现素质教育持续推进。合理全面的知识结构是每个卓越人才所必须具备的,在考查知识的基础上应加大对灵活运用各种知识的能力及创新、求异思维品质的考查。全面考查是对学生基本知识的考核,而学生作为独立的个体,他们都具有各自的个性特征,因此,高考在注重全面考核的同时还应注重对个体差异的考核。

同济大学"苗圃计划"打破传统招生选拔模式,通过改革招生选拔标准,实施与具体中学教学改革相对接的方案,选拔培养对科学与工程有浓厚兴趣和创新潜质的人才。"苗圃计划"实践出一种培养与选拔模式,使选拔出来的人才能够真正地与专业契合,一方面学生能从专业学习和实践中找到激情点,热爱专业;另一方面通过不断探索与创新,在不久的将来促进专业与学科的繁荣昌盛。

(时任同济大学材料科学与工程学院副书记杨晓杰、教师宋文娟)

来源:《实现大学-中学贯通式培养选拔"适切性"人才——由同济大学"苗圃计划"谈人才培养》

同济大学校园

人才支撑计划

同济大学愿意为高中教育服务,是高屋建瓴,也是我们非常渴求的。

同济大学是一所工科很强的学校,而我们高中培养学生不应过早地去确定专业方向,所以在这个课程设置方面,到底是我们高中提出需求同济帮我们建立,还是同济先建立一个体系来供我们选择?我觉得还需要进一步沟通交流。我个人认为,是不是可以请同济大学告诉我们哪些学科的哪些专业会提供一些指导,让我们的学生在同济大学的指导下在某些方面有更多的发展,让我们对学生的培养和发展也有更明确的思路,因为毕竟现在的高中生对未来还是很迷茫的。

在创新实验室的建设方面,我们也希望得到同济的指导。目前我校有环保、数字影像、植物组织培养、机体结构四个项目的实验室获得上海市教委的第二批创新实验室的批准,资金已到位,也有专项人员指导。但严格地讲,这些实验室是在很盲目的情况下老师们自己摸索建立的,说实话,老师自己都不知道搞这个创新实验室到底最终的意义在哪里,因为没有经过系统性的思考。在这种情况下,如果有同济大学等高校的指导,我们的项目建设将更有方向性。我们还有一些实验室要建造,我请求同济大学给予我们支持,比如规模大小,如何发挥作用等。

(上海市复兴高级中学校长 陈奕望)

偏远地区的利好人才培养计划

去年我们有幸成为同济大学"苗圃计划"学校,这是一个西部地区的中学与同济这么有影响力的"985"高校合作的一个比较好的切入点。同济大学的"苗圃计划"在西部地区的推进具有更深远的意义。

我提两个建议:第一,希望同济有更多的专家能够经常到我们学校来。事实证明,同济大学的专家给学生做的报告引起了强烈的反响,使学生能更好地意识到自己是否适合到同济大学去。去年,我们有16名同学考进了同济大学,是我校历史上考入同济大学的学生人数最多的一年,这在四川地区也是少有的。我们也做了跟踪调查,这些学生进入同济大学后发展还是不错的。所以希望同济大学的校长、教授多到中学与学生进行面对面的交流。

第二,上海的几个中学做得比较好,我们同为"苗圃计划"成员,如果有机会,我们希望派老师到这几个学校去学习,提高一下境界和水平,也使同一个"苗圃"里面长出来的苗子更匀称一点,希望得到这些学校的支持。

(四川省南充高级中学校长　陈功全)

增强宣传与解读力度

目前的中学生对于"苗圃计划"都还不了解。报考大学,其实学生都是听家长的,而家长基本上都是看统一的录取分数,或者人云亦云,对各个高校的创新举措其实都不了解。我们开展这个项目,不仅仅影响到参与"苗圃计划"的这些人,更重要的是,通过对"苗圃计划"的解读和宣传,增加学生对同济大学的关注度、亲近感。

在学生科技创新方面,我们做的最出色的是天文项目,此项目至今已经11年了。我们在一位54届校友的支持下建造了天文台。目前,我们学校共有三个天文台,第一个在安吉县海拔1000多米的山顶上,第二个在新疆阿克苏,第三个在学校内。依托这个科技创新项目,我们最近10年获得过很多次全国一等奖,包括周培源科学进步奖。去年我们的一个项目被中国科学技术协会推荐到波兰世界青年科技大会去了,得此荣誉的中学只有两个,另一个是华东师范大学第二附属中学的气象项目。我们还承办过一次国际天文奥赛,获得了十几枚奖牌。我们的一个学生发现了一颗近地小行星,国际天文组织将其命名为"杭高星"。我们的项目在国际上有一定的影响力,国际知名的天文学家基本上都来讲过课,包括去年获得诺贝尔奖的澳大利亚天文学家,他们都很愿意给我们的学生做一些科普工作。我们的天文项目也吸纳了一批优秀的理科学生。

(杭州高级中学校长　尚可)

关于机会成本的思考

我们也是西部地区的代表,刚才听了上海两个学校"苗圃计划"实施情况的介绍,我认为这些经验非常好,但对于我们西部地区的学校来说,又都非常难以实现。比如说,以课程设置的方式来推进,我不知道同济大学的专家、教授一个学期能够到我们南宁去多少次。裴校长刚刚去过,与我们的学生进行了面对面的交流,我们学校因此掀起了一股同济风,很多学生就可能因此改变了他人生努力的方向。但是我想可能这样的机会不会太多。上海的这几所学校的经验不见得适用于我们外地,特别是偏远地区。我建议,能否在上海以外找一两所学校来做试点,取得经验之后再铺开。尽管说各个学校可以有自己的做法,可以有不同,但是建了"苗圃"要育苗,就要经常去施肥除草,如果一年半载只去那么一两次,我估计这个"苗圃"很快就会成为荒园。这个问题是很现实的。

还有一点就是,刚才也有校长提到的淘汰问题。就如参加各种竞赛,在以前竞赛获奖可以加分时,参加培训的学生通常在一个大教室里,几百人坐得满满当当,但是随着竞赛难度的增加,真正能够坚持下来的人并不多。这部分人可能是对竞赛比较有兴趣的,也可能是比较功利的。现在加分取消了,我不知道通过"苗圃计划"进同济的学生,我们学校能有多少,我相信家长和学生都会关注这一点。所以对这些参与进来的,但是被淘汰的,已付出了时间和精力的学生,会不会耽误了他们正常的升学,这些是我们需要考虑的。我希望能在上海以外的边远地区有个比较好的案例,来供我们学习和借鉴。

(时任广西南宁市第二中学校长　农光学)

"苗圃计划"精确制导卓越工程师

我们培养卓越工程师应该关注什么？我觉得当前的瓶颈是育分对育人空间的挤压。那么如何突破呢？关键在于中学广泛地育苗与大学精准地选苗之间的贯通，实际上这正是"苗圃计划"的精髓之所在。

高中阶段对学生的培养任务不只是把学生送到大学，不只是做好上大学的准备，其根本任务是育人。当然育分是必要的，社会对高中主要任务的认识是很简单的，那就是你是什么分数，就上什么大学。所以，在这里需要注意的是，我们到底要什么样的分？是不是仅仅高考分数？所以育什么样的分，不同的大学需要高中育的分是不一样的。那么对于高中来讲，怎么育大学需要的分是值得我们关注的，这就涉及到高中课程的设置和教学的实施。所以我们培养什么样的学生还是要根据大学的要求。高中育人育苗，大学立标选苗。大学就是把标准制定好然后选苗。

当然，大学要干大学的事情，不要替中学来设计课程，而是要给中学提供标准。同济参与选择学生并且监控"育苗"过程，将符合同济要求的苗子精确定位，通过这样的过程选出的学生相对来讲就会比较可靠。

（上海市曹杨第二中学校长　王洋）

来源：《培育适合在同济土地上成才的好苗——上海市曹杨第二中学校长王洋谈"苗圃计划"》

"苗圃计划"：新的人才培养模式

我觉得"苗圃计划"的最大亮点是为学有余力、有个性、有兴趣的学生搭建一个发展的大平台，希望通过项目研究来培养学生创新能力、研究能力、动手能力、团队合作能力，增强社会责任感。这种理念和我们学校的办学理念是不谋而合的。在我们学校的办学理念中，十分强调"选择教育"，就是希望给学生营造一个满足他们个性发展的环境，给他们提供一些个性化的课程，让他们自主选择。上海市晋元高级中学是一所具有110年历史的老校，以科技见长，学校拥有丰富和扎实的科学创新教育基础。所以，同济大学与我们合作，共同探索一种高中阶段与大学贯通式的创新人才培养模式，我觉得我们在做一件伟大的事情，这对我们国家的教育改革也是一种助推力，有积极的意义。

我觉得最直观的是同济的务实精神，也是最令我们感动的。在与同济大学合作的过程中，我感受最深的是，无论是学校领导、招办主任，还是大师教授、院系领导、教师团队，大家齐心合力，务实办事。我们知道，再好的理念，再好的设想，再好的计划，如果落实不了，一切都是空的。而我们在合作的5年中，感觉非常愉快，非常有成效。特别是我们的学生，他们在与大师、教授、专家合作和互动的过程中，开阔了视野，还从专家、教授身上学到了爱岗敬业的工作态度和为国家科技发展的献身精神。

高中阶段，是一个人人生观、世界观、价值观形成的关键时期。在这样的关键时期，我们要用正能量去引领他们、教育他们，要为他们将来的发展夯实基础，包括思维方式、业务能力。在这些年的合作中，先后有25位院士、教授、专家走进晋元,开展大师讲座课程。人数之多、涉及的专业面之广、学术层次之高,在我们学校的历史上是前所未有的,我相信,在别的学校也是不多见的。而且这种活动进入了常态化,我觉得非常不容易。这些专家、教授针对高中学生的特点精心备课,所以这一系列的课程受到了我们学生的喜爱和欢迎。我们还把这些课程挂到网上,让我们的教师也来学习。我们学校的收获是很大的。

我们原本是有大师课程的,但都是零星的,不成体系的。因为邀请专家的渠道有限,基本上处于能请到某方面的专家就讲某方面的内容。自从获得同济"苗圃计划"的支持后,我们就开始有计划、有系统地进行大师课程的拓展。我们每年都会和五大学院的领导商量,第一轮开讲了,再推进第二轮。大师们系统地为学生讲授专业学科的前沿知识、国家或国际上最新的科学发明成果等,使学生受益匪浅。我敢说,这样的课程进入常态化的情况,不要说在高中很少有,恐怕在大学也不多。

原本我们学校就有自己开创的一个拓展性课程体系。现在的高中课程包括两类:基础型课程、拓展与研究型课程。大师课程纳入了我们的拓展型课程,满足了学生的需求,而且我们把这些大师课程都做成了光盘,现在已经做好了25个光盘。

我们的苗圃课程还包括选修课程。在选修课程的安排中,一部分是学生走进高校的课程,另一部分是大师走进晋元的课程。学生们定期到同济,教授们给他们开课,学生都很兴奋。我在各个地方包括上海市教委一直都在讲,我做校长十几年,总是梦想着有一天学生能到高校学习,而现在这个目标已经实现了。

我们和同济大学土木工程学院的合作已经有3年多了,我觉得有3点比较深的印象:第一,我觉得同济大学从校长到各个院系的领导、教师有忧患意识、责任意识、发展意识,双方的合作对我们都是一种提高。第二,提升了我们高中培育创新素养的层次。比如,2011年我们合作建立了结构创新实验室,依托同济大学土木工程学院,建成了相应的结构创新实验板块,有自己的特色,在上海高中处于领先的地位。在这个结构创新实验室项目的支撑下,我们又形成了一系列的创新实验项目。第三,在合作交流中,最大的受益者是学生,同济选派了一批优秀的专家、教授每两周一次进我们学校,至今已有20多位专家、教授给学生上课,进实验室指导学生,同时也指导了实验室的老师。

我们学校加入"苗圃计划"后,从开始与土木工程学院的合作到与材料学院、海洋学院、航空航天与力学学院、环境学院等的合作,面更宽了。从这个学期开始,我们的学生每周一次进高校学习,除了听课、听报告以外,中学生还参与大学生的研究实验竞赛等,扩大了他们的视野,培养了他们的兴趣,提高了他们自主学习的能力,为学生未来的发展奠定了良好的基础。

(时任上海市晋元高级中学校长 王丽萍)
来源:《上海市晋元高级中学校长访谈》

教授进中学

谈"苗圃计划"与中学生职业规划

同济大学"苗圃计划"抓住其"关键期"能起到事半功倍的效果,教育是一个漫长的过程,中学作为学生认知、能力、个性心理发展的"关键期",尤其高中阶段是人生观、价值观形成的关键时期,也是一个人兴趣、思维方式、动手能力形成的关键时期,无论是教育者还是受教育者都应该重视并合理利用这一阶段。"苗圃计划"的实施,抓住了学生在高中阶段的这一"关键期",为培养更多创新人才创造了条件。

普通高中难以完全具备培养创新型人才所需的创新实践、创新能力的教师团队以及科技创新环境氛围和物质技术条件,同济大学的"苗圃计划"除了通过指派教授到中学对教师进行培训以外,还专门安排相关专业的研究生参与到中学生的课外培养计划,在激发、培养其兴趣的同时,对中学生的职业规划起到了一定的作用。

实现教育资源共享

"苗圃计划"实现了教育资源的开放与共享,是实现中学与大学贯通式培养创新人才的有效方式。大学既可以利用自身优势与中学进行合作,还可以利用自身丰富的教学资源服务于中学生,帮助中学开展科研工作。大学教授定期以专题报告、讲座等形式对中学生和中学教师进行培训,通过开展兴趣班、科研活动、实验课题等形式让先进的教育理念进入中学课堂,加强与中学的合作及沟通,提高了中学教师的素质。同济大学也可以利用与中学合作的机会,通过兴趣班、实验活动等形式增进大学生的实践能力,实现互补。

促进中学合理规划课程

"苗圃计划"的实施对高中课程设置及改革将起到很好的推动作用,一方面，项目所涉及的课程、课题、资源可在高中全体学生中实现共享；另一方面，经过"苗圃计划"培养的学生，他们在实验室中的表现及对学科的研究兴趣将被列入综合考察，学生的实力将得到更全面、更客观的评价。

协助学生进行职业生涯规划

同济大学相关学科专业的教授走进"苗圃基地"，对这些学生集中开展能力训练，引导他们的兴趣进一步发展。这些中学生也可利用假期或周末等时间来到同济大学，参加大学生的创新训练活动。通过这些活动，可以帮助学生提前了解大学的专业，了解这些专业的一些要求，在寻找自己合适专业的同时，提前做好相应的准备，对自己的职业有一个大概的规划。进入同济大学后，还可对接学校"4+M+3"本硕博贯通培养模式，或优先进入各类人才培养模式创新实验区。"苗圃计划"避免了不少考生不了解专业胡乱选择专业的状况。大一不少学生因为学了自己不感兴趣的专业以后无心学习，荒废时光，这样一来，不仅耽误学业，而且影响一生。

（四川省南充高级中学校长　陈功全）
来源：《贯彻落实同济大学"苗圃计划"　做好大中学衔接作用的几点思考》

教授进中学

"苗圃计划"的开展与实施

"苗圃计划"是深化高校招生录取制度改革的重要措施,也是对选拔优秀创新人才的新探索。在人才培养和选拔方面不拘泥于高考成绩,而是将招生过程贯穿于学生的整个高中阶段。

同济大学在上海市曹杨第二中学进行试点以来,学生对大学专业的理解与未来发展方向的把握更为明确,更加清楚未来的专业选择,更加了解报考的学校,并通过对大学前置课程的学习,为大学的学习打下基础。同时,大学在这一贯穿高中三年的人才培养过程中,更加了解学生的特点,结合自身教育资源和培养特色,有效地培养和选拔人才。通过几年来的试点,"苗圃计划"取得了丰硕成果,成为同济大学选拔人才的有力举措。

从教育的角度出发,仅凭一份考卷的成绩决定学生的未来培养方向以及培养模式并不利于人才的发展,也不利于教育的发展。为了更为有效地开展人才选拔工作,"苗圃计划"通过综合国家统考、学业水平考试、综合素质评价等因素建立起一套对人才进行多元评价的体系。这将有利于开展素质教育,推动立德树人,保证学生能够按照兴趣充分发展个性和潜能。

(上海市曹杨第二中学副校长　易建平)

来源:《面向"育苗"过程的人才培养与选拔——同济大学"苗圃计划"在上海市曹杨第二中学的开展与实施》

用好"苗圃计划",种得满园瓜

裴校长的一句话"种得满园瓜,不管同济最后能摘得几个",让我十分敬佩同济大学的境界和胸怀。同济大学给我们中学提供了一个很好的平台和机遇,就看中学以怎样的态度去利用。我们学校很重视这个机会,希望能借此发展我们的学校,发展我们的老师,发展我们的学生。

我有两点想法:第一,是"苗圃计划"的选苗,这实际上是一个很大的课题。我们刚刚参加的时候,也制订了选苗的标准,而具体的操作过程能不能把真正适合的苗子选出来,可能需要建立一些评价标准。

第二,我们离同济大学也非常远,如何解决这个难题呢?我们是这样考虑的,陕西省前年制订了一个"春笋计划",我们学校也是积极响应。这个计划有三个方面的内容:一是科学研究,二是学生走进大学实验室,三是大学教授到中学做一些科普讲座。我们的想法是充分利用本地的平台,把当地大学和同济大学的教授以及中学老师三方联合起来去培养苗子。

(陕西省西安中学副校长 薛锋)

求木之长，当固本培苗

时代和社会呼唤改善人才培养和选拔机制

致天下之治者在人才，成天下之才者在教化。

英国学者李约瑟疑惑：欧亚两个人类文明的中心在几千年的历史上几乎都并驾齐驱，明末清初开始，中国的科技却渐渐落伍了。他不明白其中的原因。

2005年，钱学森先生弥留之际对时任国务院总理温家宝说："这么多年培养的学生，还没有哪一个的学术成就能够跟民国时期培养的大师相比。"又说："为什么我们的学校总是培养不出杰出人才？"有人说，"'钱学森之问'是关于中国教育事业发展的一道艰深命题，需要整个教育界乃至社会各界共同破解。"

"九州生气恃风雷……不拘一格降人才。"龚自珍的呼唤也是今天一些学子的心声。

2014年6月9日在中国科学院第十七次院士大会、中国工程院第十二次院士大会上，习近平总书记说："我一直在思考，为什么从明末清初开始，我国科技渐渐落伍了……明代以后，由于封建统治者闭关锁国、夜郎自大，中国同世界科技发展潮流渐行渐远，屡次错失富民强国的历史机遇。……必须深化科技体制改革，破除一切制约科技创新的思想障碍和制度藩篱。"

"破除思想障碍和制度藩篱"，习总书记给出了他的答案。

现有招生形式有利有弊

"统一计划形式""统一考试""统一录取"的大一统招录体制和模式是我国的主要招生选拔体制和模式。

这样的招录制度高效地应对了我国每年庞大的高考考生、繁重的录取工作,很大程度上避免了在操作环节中出现的舞弊现象,较为公平公正,社会效益显著。

但就考生而言,采取一次高考这唯一维度的测评标准来衡量学生的综合素质与创造潜能是不科学的,以"一卷定终身",不能对学生的综合素质进行科学的测评。除了考试本身所存在的偶然性因素以外,在具体的录取过程中,也同样存在着偶然性、或然性的因素(《我国现行高校招生考试体制与模式利弊分析》)。

这样的招考录取制度还导致了基础教育尤其是高中教育一切围绕"高考指挥棒"。总分"一刀切"制度过分注重公平,而忽视了个性、特长的显露,所谓的特长生往往由于某一门功课特好而总分平平被堵在大学门外。社会的发展,科技的进步,靠的是不断在各个领域打破常规、发现新知。有特长的人比各门学科平均用力、知识结构平均化的人更易取得特长领域的突破。

这其间,也有一定程度的改革,在招生制度上实行两种计划形式"并轨"改革,在考试内容方面实行了"3+X"方案,选择22所重点知名大学在比较小的范围内进行自主招生的改革等,但总的来说还是沿袭了长期以来的大一统的局面。

传统的高考和已经实施10年的自主招生,两种选拔学生的方式各有侧重。现行的一些大学招生制度,仍有意无意地"偏爱"高分考生,迷失了自己的招生宗旨。一些真正在某个学科上有专长的学生或是有创新潜能的学生,很可能就在笔试时被淘汰了。

在2014年7月7日的"深化高考制度改革研讨会"上,21世纪教育研究院提出《以招生录取制度改革为重点,推进高考制度改革的建议》,认为目前一些将高中学业水平考试与高考挂钩、将等级化的高中学业成绩折合为高考总分的改革思路,在评价的科学性、成绩的可比性、考试的公平性方面都存在一定的问题,"由高校、院系根据对人才的不同需要,形成多元化的招生标准和自主录取机制,才是破除'唯分数论'的关键"。因此,急需从"招考分离"开始,以招生录取制度改革为重点,形成高校自主招生、高校和学生双向多选的招生录取制度,走出应试教育的困境。

关于同济大学的"苗圃计划"

大学有大师,大学也当培养大师。如何培养一流人才、创办一流大学?各高校在思考。

一粒天赋异禀的种子,要成长为一颗参天大树,需要慧眼选种、精心育种、耐心培苗。

当大家都在争夺果实时,同济大学独辟蹊径,想到了育苗。同济大学以"苗圃计划"为载体,在教育理念、培养内容、培养形式、培养对象等方面进行了顶层设计,为深化教育机制体制改革探路。

通过改革招生选拔标准,实施与具体中学教学改革相对接的方案,选拔培养对科学与工程有浓厚兴趣和创新潜质的人才。"苗圃计划"的政策设计,有意识地在弥补现有招生政策的"短板"。

对同济来说,"苗圃计划"是一次全新尝试,不仅是招生制度的突破和完善,更重要的是,它把学科人才培养的平台从大学延伸到了中学,使大学教育和中学教育更好地融合在一起。

"苗圃计划"方案从高一开始,同时希望试点中学向初中前移。高一主要进行兴趣引导,高二进行创新潜质和能力培养,在高二结束时,按"专业兴趣、学科特长、创新潜质、身心健康"标准,结合学生成长手册、高中学业及德智体美劳综合评价、大学教授综合评价等,正式选拔符合同济大学卓越生源标准的优秀学生,给予自主招生资格;高三主要根据高中实际情况对已通过选拔的学生开展诸如前移课程、创新性实验计划等培养,实现与大学培养的有效衔接。这些学生进入大学后将按照因材施教方针实施本科-硕士-博士贯通式培养,高中阶段的培养环节可认定学分,努力缩短学制1~2.5年。

"苗圃计划"为学生的职业选择和设计提供了非常具体的指导。当前的高中学生普遍缺乏职业意识,大都根据考试的分数来预测自己最有可能进入哪所大学,而很少结合自己的兴趣爱好去取舍。结果,很多学生进入大学之后发现自己并不喜欢所学的专业,造成了极大的资源浪费。由大学教授介入对学生进行专业发展引导,可以让学生在亲身的实践中,明白自己是否真的喜欢这个专业,为今后的发展奠定扎实的职业基础。

"苗圃计划"有利于打破学制上的局限,为创新人才培养奠定基础。"苗圃计划"是一个长远的规划,它可以将学生原本放在高三应试上的时间腾出一部分来,让他们做一些自己感兴趣的项目或课题。诺贝尔奖获得者的获奖作品大多数都是在25~35岁之前完成的,学制上的突破,为有兴趣特长的学生赢得了时间,为学生今后的创新发展提供了更大的空间。

"苗圃计划"的实施,必将吸引更多的优秀学生,使他们及早接受科研训练,掌握基本的科学研究方法和手段,提高综合实践和项目管理能力,培养创新意识和团队合作精神,使他们有更多的机会和更好的条件来发展兴趣,培养能力,并凭此进入精英大学,为成为卓越人才而奠基。

(四川省南充高级中学苗圃秘书组)
来源:《求木之长,当固本培苗:"苗圃计划"的实践与思考》

教授进中学

人才培养的实践和思考

"苗圃计划"是对"兴趣特长突出、富有发展潜质"的优秀高中生,施行贯通式培养的有效探索

杰出人才的培养是大学和高中学校的共同使命,不仅需要大学之间建立横向培养合作机制,也需要在大学和高中之间建立纵向合作培养机制,即"高中往上看,大学往下看",才能形成杰出人才培养的合力。

从当前来看,各大学与中学在"生源基地""实名推荐""自主招生"等优秀学生的选拔上进行了有效探索,但如果不能逐步拓展深化到在中学构建高级课程平台和建立对接的激励评价机制等深度合作,就很难持续并吸引到真正的优秀学生。未来,高考招生制度的改革已将自主招生时间延迟,自主选拔的时间和空间被大大压缩,一定程度上与大多数高校"重考试、重选拔、重结果,轻培养、轻激励、轻过程"有密切关系,因而被誉为"小高考"并屡受诟病。

然而,"苗圃计划"的独特之处,首先是其选拔机制的创新性,即在项目实施过程中,对参与计划的学生既有过程淘汰机制,也有自主退出机制,而且是在两年多时间里建立起的相互认同,相比"临时抱佛脚"的功利性更"自主",更能体现大学和中学生两者之间的高度契合。其次"苗圃计划"的独特性体现在其高度关注过程培养,即从选拔走向合作培养,为学校研发提供高级课程、大学体验课程、共建实验室平台等。这种做法不仅为优秀的高中学生提供了发现自己潜能和兴趣的机会,还为他们深度了解大学的特色和优势提供了可能。

"钱学森之问"是近几年来社会各界探讨的一个热点问题,众说纷纭。其实,无论是培养"杰出人才",还是"创新人才",甚至于"大师级的领军人物",如果离开了人生境界的提升和学术视野的拓展,无论如何也是很难做到的。

同济大学提出了"卓越人才"培养计划,但卓越首先是指人生追求的高远,而不仅仅是技术的成就。

"小苗圃"的一枝独秀,才能迎来"大苗圃"的百花绽放

一枝独秀,在我们看来应该是"苗圃计划"基地学校的鲜明项目特色,也就是同济大学根据各基地学校的优势共同建立的个性化育人平台,并使该平台成为一定区域内展示其高水平办学实力和影响力的标志。比如,同济大学的建筑学、土木工程、车辆工程等学科在全国高校具有明显的领先优势。即使这样,成绩优异的学生仍然可能会受到许多人的影响而选择金融类或经济类专业。其中的原因是经济或者金融等学科为大众所熟知,而工程类专业,由于专业性较强且远离人们的日常生活,自然而然就会被以偏概全。因此,"苗圃基地"的功能之一,首先应该聚焦到帮助"基地学校"建立特色鲜明,具有吸引力的高级课程、专业实验室以及对接的评价体系等,使基地项目成为所在学校师生高度认同的高水平发展平台,让优秀的高中学生和家长较早地、充分地了解这些专业特色,并根据自己的优势和潜能,确立职业愿景和人生追求。

百花绽放,在我们看来,就是"苗圃计划"在大学能够为各类优秀学生提供更多比赛的展示机会和舞台。公众对工科的认识相对于文科、理科、医科、经济、法律等,还比较陌生,当中国版的大学先修课程(CAP)已见雏形的时候,如果有同济大学这样一批一流的工科优质学校和专业向高中延伸,通过设立各种类型的比赛,建立科学的评价体系,不仅为一大批具有潜能的优秀学生提供展示才华的舞台,也必将促进我国由制造大国向制造强国的转变。

(山西大学附属中学党政办)
来源:《"苗圃计划"之于人才培养的实践和思考》

在教育的有效衔接中助推人才培养模式

同济大学"苗圃计划"体现了同济大学的胸怀和理想,"苗圃计划"打破传统招生理念,将招生工作融入人才培养的过程中,真正实现了高校在培养中选拔人才,学生在学习中选择高校(专业)的理念,将招生与人才培养有效结合,突破了传统高考与应试教育的弊端,推动了相关中学素质教育的开展,为中学开展教育改革提供了新思路,实施与具体中学教学改革相对接的方案,选拔培养对科学与工程有浓厚兴趣和创新潜质的人才。

"苗圃计划"在东北师范大学附属中学的实施,必将吸引更多的优秀学生,使学生能够及早地接受科研训练,掌握基本的科学研究方法和手段,提高综合实践和项目管理能力,培养创新意识和团队合作精神,使学生有更多的机会和更好的条件来发展兴趣,培养能力。最终实现:兴趣,从高一高二学生培养起;苗子,让他们早点冒出来;创新,不被应试教育所湮没;附中,为未来卓越人才奠基的长远目标。

(东北师范大学附属中学副校长 刘丽君)
来源:《"苗圃计划"在教育的有效衔接中助推人才培养模式研究》

第三章
菁苗满圃

本章内容包括六个部分：
了解为选择之壤：大学先修课程
创新乃发展之魂：创新项目
力行而后知之真：暑期夏令营
砥砺而不可以已：跟踪与反思
春风化雨润无声：我的"苗圃"故事
薪火相传盼苗成：校友之声

了解为选择之壤：
大学先修课程

导语：人生道路的选择不仅需要理性的引导，还需要感性的吸引。从2012年起，同济大学的"苗圃计划"已经走过近5个年头，在多年来探索"走出去"——派同济教授进中学开设讲座、科研课题进中学、与中学共建实验室、与中学共同开展素质教育的过程中，我们发现，"苗圃计划"不但能激发中学生专业兴趣、培养他们的学科特长和创新潜质，还能培养他们与同济大学、同济大学具体的学科（专业）和教学科研团队，直至教授的感情。

为学生量身定做"苗圃"课程

建筑与城市规划学院牵头组织设计创意学院、软件学院、测绘与地理信息学院、汽车学院等参加了同济大学与上海交通大学附属中学共建的"苗圃计划",参加了由汽车学院牵头的同济大学与上海中学共建的"苗圃计划"。课程设计本着以学生为本的原则,结合同济大学和相关中学的教学特点,以学生兴趣为导向,以传授科学文化知识,强化对学生社会责任感、创新精神和实践能力的培养为目的,为学生量身定做了各类"苗圃"课程和系列活动,让他们体会大学的文化与内涵,树立较为明确的个人职业生涯发展方向。

"苗圃计划"通过大学前移课程和系列讲座的开展,中学生创新项目的申报、选拔、测评、结题过程,学习成绩、成长手册、发展档案、育苗记录、走进大学、"苗圃"课程、创新项目、实践竞技、面试考评等系列档案的汇总,以及综合面试考评等各个环节,一方面彰显了同济的魅力,另一方面从细节上开始规制高中生的学习行为,引导他们熟悉大学环境,逐渐适应大学教育方式,进一步增强组织性、纪律性,培养自律能力与自制力,学会秉承信念与坚持,坚定地选择,执着地追求,不放弃追求成功的渴望与希冀,不放弃战胜挫折的勇气与魄力,不放弃面对挑战的果敢与坚毅,养成良好的行为习惯。

(时任建筑与城市规划学院副院长、现任教务处处长 黄一如教授)

细致做好大学与中学的合作协调工作

"苗圃计划"打破了传统的招生理念，利用同济的学科优势，在不影响中学正常教学的前提下，将大学教育和中学教育贯通为一个体系，经过过程培养，引导学生兴趣特长的发展。同时实现过程评价，从而做到把招生工作真正融入到人才培养的过程中。

物理科学与工程学院2013年4月与杭州高级中学签订"苗圃协议"，从而正式加入"苗圃计划"，虽然在各苗圃基地中起步较晚，并经历着国家招生政策每年的不确定性以及随之而来的协议、培养计划、课程设置等的相应调整，但在同济大学招生办公室的总体部署下，在各苗圃中学的通力协作下，在各相关专业的积极配合下，经过两年半的探索和实践，各项苗圃工作已逐渐步入轨道。所对口的苗圃中学由最初的1所增至目前的3所，其中杭州高级中学已进入高三的选拔阶段，并将于2016年有正式的苗圃学生入学，富阳中学和靖江高级中学也进入到高二的选苗、育苗阶段。

在此过程中，同济大学招生办公室对于国家政策的解读、对于苗圃工作的整体决策和部署、对于各苗圃基地具体工作的指导和支持，是我们开展工作的前提和保障。同时，大学和中学的合作至关重要。大至相关专业的选择、评价标准及选拔细则的制定、苗圃"优秀学员"的名额分配，小至教授讲座的行程安排、学生"进同济"活动的时间协调等，都有可能产生矛盾及分歧。但我们始终以"发现、推荐及培养最合适的学生"为首要原则，在这个共同目标下，求同存异，努力协调差异，达成共识，探索中学教育与大学教育的有效衔接。

同济大学各领域教授在百忙中安排时间进中学讲座，为中学的实验室建设出谋划策，亲自指导中学生的科技创新项目和科技活动，耐心通过邮件解答学生的各类问题，等等。通过他们的努力，我们将大学特色课程前移，提前激发了中学生的专业兴趣，在中学阶段就开始培养他们的学科特长和创新潜质，同时也向中学生展现了大学教授的风采，提高了同济大学的声誉。这些在现有的普通高考模式下是无法达到的。

（时任物理科学与工程学院副院长、现任院长　羊亚平教授）

选派实力强大的教授团队进中学

2012年7月,在学校招办的策划和领导下,同济大学在上海市向明中学建立"苗圃计划"基地,向明苗圃基地由环境科学与工程学院牵头,海洋与地球科学学院、生命科学与技术学院、化学科学与工程学院共同参与,同时我院又陆续参与上海市晋元高级中学、同济一附中、同济二附中、广西南宁二中、江苏省海安高级中学等"苗圃计划"的工作。

在安排教授讲座课程时,我们尽量安排本专业领域中的知名教授,以启蒙中学生的科学思考和专业兴趣。如向明中学开班的第一次讲座,我们请了同济大学老校长、著名的环境领域专家学者高廷耀教授。高校长以向明中学校友的身份给同学们讲述了人生的思考、大学的生活以及专业的概况。80岁高龄的高校长站着给同学们讲了一个半小时,让同学们很受感动,也给向明"苗圃计划"开了个好头。此后每个参与学院都派出了实力很强的教授团队,从深海钻探到南极科考,从趣味化学到基因的奥秘,激起中学生对专业的热情和兴趣。化学科学与工程学院的朱老师安排学生们到化学实验教学中心现场教学,同学们体验了"拉曼光谱检测真假珠宝""漫反射检测谁的皮肤最白""顶空气相色谱闻花香茶香""X电子能谱检测翡翠中的化学元素"等试验,在非常轻松的环境中,体验了先进化学仪器和趣味样品分析。"苗圃"结业答辩时,不少同学已经可以滔滔不绝地谈论对专业的理解和憧憬,我们也感到非常欣慰。

在我院参与的"苗圃计划"中,我们也都针对中学生的特点和感兴趣的主题,选派专业领域中的知名教授,不但在专业方面给学生以启蒙和指导,更注重综合能力的培养、人格的塑造、专业兴趣的引导。

(环境科学与工程学院副院长邓慧萍教授、教师赵文涛)

让"苗圃"学员进同济后快速适应大学生活

因人而异,因材施教,这是大家都想达到的终极目标。但在现阶段,怎样才能保证学生与老师有充足的交流时间?多少时间才是充足的时间?当新生们跨入大学后,大多数的学生只有在每2周1次的活动中才有可能见到班主任老师。以土木工程学院为例,根据不完全统计,新生第一学期的班级活动中,要求班主任出席的活动约为4次,每次约为1.5小时,班级学生约为33人。也就是说,在19周教学活动中,班主任与学生见面的时间一共有6个小时。但如果你问一下学生,他们可能觉得"根本看不到班主任"。班主任在短时间内,也就是了解一些基本面情况和"学着做班主任"。第一学期较多的课程是通识课程,所以学生的确基本上见不到专业老师,即使上课见了,课后也不一定愿意去主动与老师交流。

怎样快速地让学生进入大学角色,了解专业特点,土木工程学院的新生研讨课在这方面做了积极的尝试,请学者、教授,一对一班级进行讲课、讨论,言传身教,鼓励学生了解专业、拥抱专业,激发学生对大学学习的热爱,培养学生的科学素养和专业精神。并将第一学年的新生研讨课拓展到4个学期,称为"土木工程与土木工程师",将专业发展与学生未来的发展有机结合在一起。同时开展导师制,给学生搭建平台,为学生创造机会,致力于让每一个学生根据自己的专业兴趣和自身特点,探索和确定人生的发展方向。

借鉴上述的做法,苗圃基地的学员们在进入大学学习时,应该能有一个考虑其特色的"个性化培养"方案。采取"学校统筹+学院落实+导师制"的金字塔结构,由各专业的教授学者成为苗圃基地学生的专业导师,牵线搭桥,使学生从进校开始就能得到引领和帮助,使这些学生充分发挥其专业兴趣,能够早日进团队,进实验室,进课题。在专业大环境的熏陶下,激励和培养学生踏实工作、勤奋钻研的科学精神,培养其成为未来的参天栋梁。

(时任土木工程学院副院长　熊海贝教授)

加强专业导论教育

一要做好"苗圃计划"的有关宣传。宣传好计划的宗旨、目标、过程以及涵盖的专业范围，明确并不是以招生、拔苗作为"苗圃计划"的目的，而是以注重学生的培养、兴趣引导为首要目标。在初次实施"选苗"时，笔者就发现大部分学生及家长仅仅认为"苗圃计划"就是自主招生，参加"苗圃计划"的目标就是为了提前进入同济大学，对于其中的环节是不了解和不理解的，这与我们的目标是不相吻合的。在后期的实施过程中，我们有意识地加强了相关宣讲和答疑，从而加强了大学、中学以及学生和家长对于"苗圃计划"的认同感。

二要做好专业宣传。"苗圃计划"不同于自主招生，其涵盖的专业与当地特色、中学特点相适应，如在江苏省海安高级中学为土木、交通、电信、机械，这是根据当地"建筑之乡""装备制造之乡"特点设立的。但一般学生和家长不了解这一点，只是简单地认为同济最好的专业就是建筑、土木等，在选报专业方向时也是一股脑地往这些方向上报。后期我们有意识地在申报前加强了有关专业的讲座、宣讲，起到了明显的作用。

中学生对于自身专业兴趣的认识有其局限性，更多的是受家长、社会舆论导向的影响。如我们初次实施"苗圃计划"时，10余位同学基本都选择了土木、交通专业方向，而当专家问起他们对于这些专业的初步认识时，往往都浅尝辄止、流于表面。对此，我们有意识地加强了专业导论教育，对相关专业教授开设专业讲座时提出明确要求：一要有基础，能够说清楚专业面向的实际领域、实际工作；二要高层次，能够深入浅出地描绘出本专业的发展前景；三要够实际，能简单阐明专业所需要的学科知识，如土木类需要中学物理中的力学相关知识、电信类需要电学等。通过近3年的努力，在专业兴趣引导方面取得了一定的进步，学生们普遍对于专业有了较为深入的认识，也真正涌现出了一些"好苗子"。

（时任同济大学电子与信息工程学院办公室主任、现任体育部副部长　赵佳敏）

"走进大师"课程引发了我对科学研究的兴趣

最初认识"苗圃计划"是因为班主任的说明,让我们觉得离同济近了一点。

为了"苗圃计划"的选拔,我们学校特地邀请同济大学的教授来讲座,开展"走近大师"的课程。在听过不同学院各位教授精心准备的讲座之后,我对"科学"这个词有了更深层次的认识,也确立了自己项目研究的大方向。终于到了最初的面试环节,虽然经过精心准备,但在面试时还是有点小紧张。让我没有想到的是,面试老师都很喜欢我所研究的"阿尔兹海默病患者的安心警示器",甚至有一位老师说要是我所研究的项目被生产出来,大家就不用担心阿尔兹海默病患者有没有吃药和有没有走丢的问题了。很荣幸的是,我通过了初选,接下来便开展了新生推进会。

在新生推进会上,高三的学长们做了自己研究项目的中期报告。有的甚至把他们所制作好的作品展现了出来。学长们在自己的报告中讲述了项目内容、制作过程以及研究所需要自学的书籍。这次推进会让我了解到"苗圃计划"开展课题的过程,也让我了解到在初次面试之后到底要做什么。我自己的项目不是在面试的时候说说就行了,还要真真实实地把它们付诸实践,要开始收集更多各个方面的资料和寻找自学的书籍。

"走近大师"的课程,使我对科学有了浓厚的兴趣,为我今后选择研究课题打下了基础。"苗圃计划"的选拔,使我不再害怕面试,让我可以自信地向面试老师阐述所研究的项目。经过新生推进会后,我更清楚自己的研究方向。

不得不说,同济这块优质的"苗圃"通过"苗圃计划"真的在一步步把我这株新苗培养成一名"未来卓越人才",在这里我真挚地表示我的感谢。

苗圃育新苗,我衷心希望"苗圃计划"能越办越好,为更多像我们这样的高中生提供实现工科梦的机会。

(上海市晋元高级中学学生　陈月滢)

在同济我又有了一个家:"苗圃之家"

"苗圃之家"正式开始运行应该是在2014年3月,那时我刚步入大一下半学期,现在我还清晰地记得第一次会议上,只有寥寥数十人,在老师向我们阐述了重新建立一个学生组织可能会遇到的各种困难后,大家似乎也没有太过复杂的思绪,也不知当时的我们是无所畏惧,还是硬着头皮,或者是二者兼有吧。

起初的活动多为一些带领参与"苗圃计划"的高中生参观校园、参加学校里举办的各种活动。带领学弟学妹们真没有想象中的轻松,每一个志愿者都尽力维持着秩序,生怕有人迷路、走丢,同时还要与学弟学妹们多加交流,保持活跃的气氛。当然,这也是个非常快乐的工作,看着充满活力的他们,我们也仿佛被带回到不久前的高中生活中,那段既单调又丰润的时光。尽管自己进入同济也才半年多,尽管自己不是学霸,尽管自己不是学生会的干部,但学弟学妹们的眼中却不时流露出对我们的钦佩。他们不断地向我们请教着同济的一点一滴,纵使我们有时也不知如何回答;他们不断地露出惊讶的表情,仿佛进入同济成为了他们的梦想;在他们眼中仿佛我们都是高大的、完美的,但我们却自知自己远远不是,而我们能做的便是更加努力地确保活动的进行,为他们留下一段美好的回忆,想到他们以后或许会成为"苗圃之家"的成员,我的心中流淌过一股幸福感……

(原上海市向明中学 现同济大学环境科学与工程学院学生 林梁)

在"苗圃"大家庭中健康成长

首先,"苗圃计划"为我提供了极为宽广的社会实践平台。"苗圃计划"有一个"拜师仪式",陈学姐是我通过"拜师仪式"结识的导师。学姐非常认真负责,曾多次邀请我前往她的公司进行短期实习,让我在本科阶段提前感受了今后工作的氛围。在我对于大学生活、对于创新创业有疑问时,学姐也会在百忙之中抽出时间为我答疑解难,提出了很多实用的建议。此外,"苗圃"的导师资源也是共享的。我曾在校友导师的介绍下赴融创绿城进行实习以及素质拓展活动;曾在另一位校友导师徐老师的帮助下找到了适合自己的创新项目;也曾在杰出校友的介绍下认识了在专业领域内能够为我提供帮助的一些大师。"苗圃"对于我来说并不只是一个几十人的组织,它极大地扩展了我在大学期间接触社会的范围。

其次,"苗圃"让我接触到了许多本专业以外的其他学科知识。随着现代社会的发展,学科交叉成为一个重要的发展趋势。仅对本专业知识技能的掌握已远不能满足社会发展对人才的需求。"苗圃"每个月举办的行业顶尖校友讲座、座谈会等极大地拓展了我的视野。从土木到金融,从语言到管理,讲座主题可谓面面俱到。从讲座中汲取的养分,可从不同的角度审视我的专业、我的工作、我的未来,这无疑为我今后的发展提供了极大的帮助。

最后,"苗圃"各式各样的活动锻炼了我的组织能力、团队合作能力、沟通能力以及社交能力。作为外联部的负责人,我需要负责好"苗圃"的讲座、座谈会、企业参观以及回母校宣讲等活动。每一次活动的背后,都凝结了外联部所有同学的汗水,而汗水意味着在每次组织的活动中我都有所收获。每一次志愿者活动让大家在轻松愉快中锻炼了自己的团队合作能力,而与校友的交流无疑也锻炼了我的社交能力。作为一个曾经羞涩的男孩,相信目前我的沟通能力已经在每一次活动中都得到了极大的提升。

毫无疑问，在"苗圃"这个大家庭里，我们不断在成长。而在老师、校友、同学们的努力下，苗圃也在不断完善，茁壮成长。相信今后在大家的不懈努力中，"苗圃之家"能够发展得更为迅速，成为同济一道更为靓丽的风景线。

（原上海市向明中学　现同济大学土木工程学院学生　苏航）

苗圃之家

我成为一名"苗圃"宣讲人

进入"苗圃之家"后,我在众多的部门中毅然决然地选择了外联部,我也如愿以偿地成为了回母校宣讲的负责人。无论是面对着那些刚进入"苗圃"组织的高一新生亦或是快要进行最后阶段的高三学员,我仿佛都能看到自己曾经的影子,而我能做的,无非就是能够解答他们的困惑,鼓励他们坚持下去。我正在打工的补课机构有很多人正是"苗圃"的学员,或者是对进入同济满怀憧憬的学生。每次工作最期待的部分就是为他们排忧解难,为他们介绍进入同济所需做的准备,而每次传授"苗圃"经验的时候,是我作为学长最有成就感的时候。苗圃人不仅仅是从"苗圃之家"得到了在同济学习的机会,更重要的是得到了精神传承的机会,看着一个个学弟学妹因为自己的影响进入了"苗圃之家",甚至是在未来能够进入同济大学,这种美妙的感觉是不言而喻的。

"苗圃之家"总是试图给我们最好的资源,也许它并没有义务为已经进入同济的我们做那么多,但是它却一直贡献着,为我们努力着。

(原上海市向明中学 现同济大学环境科学与工程学院学生 庄涛)

苗圃之家

"苗圃计划"开启了我兴趣的大门

从刚开始知道同济有一个"苗圃计划"并加入其中,到如今我们的项目课题即将结题,已有两年的时间。事实上,最初报名时对于"苗圃计划"到底是干什么的,我并不十分清楚,但经过两年的许多活动后,我能以一位它的参与者的身份谈及它的方方面面。

高一时,我们的活动是听来自不同学院的老师上课,他们在不同领域有所专长,讲课风格也各有千秋。正是在这一次次课程后,我逐渐体会到老师希望我们能够逐渐对他们所讲述的某些内容拥有兴趣,这是老师正在引领我们走向通往大学的那座桥梁,为我们打开了一扇崭新的大门。我至今仍然记得在第一堂课上廖教授所说的"学习要有浓厚的兴趣"。在学习过程中我也发现:自己感兴趣的学科学起来就很轻松,而没有兴趣的则困难重重。这一点应当适用于学习、工作、生活中的各个方面,兴趣引导我们深入研究,对兴趣的激发与培养是我成长的重要一环。由此展开了我们在苗圃中成长的第一步——育种。一粒优良的种子在最初就走到了别人的前面,五次课程一定程度上引发了每个人在某一方面的兴趣,为之后的成长打下了良好的基础。

(原上海市晋元高级中学学生　熊婉嬑)

"教授讲课"是请不同专业的教授或校友为我们讲解该专业的要点和方向,让我们能充分了解大学专业,为我们以后的大学之路指明了一个方向,如同指路明灯一般,照亮了我们迷茫的路途。在这个阶段,我们有幸见到了很多大师和前辈,使我们的人生宇宙又开始迸发,让我们燃起了努力奋斗的焰火。它最大的作用莫过于激发与鼓励,是整个计划中最人性化的方面。

(原广西南宁市第二中学学生　宋保春)

"苗圃计划"为学生的职业选择和设计提供了非常具体的指导。当前的高中学生普遍缺乏职业意识，大都根据考试的分数来预测自己最有可能进入哪所大学，而很少结合自己的兴趣爱好去取舍。结果，很多学生进入大学之后发现自己并不喜欢所学的专业，由此造成了极大的资源浪费。由大学教授介入对学生进行专业发展引导，可以让学生在亲身的实践中，明白自己是否真的喜欢这个专业，为今后的发展奠定扎实的职业基础。

　　这点在高一"走进大师"的课堂中已经充分展现出来。每周都有一位同济大学教授来到学校，有海洋专业、珠宝鉴定专业、土木工程专业、环境保护专业等。每位教授都用他们独特的风格，带我们走进同济的课堂，为我们讲述每个专业的知识，让我们找到自己心所属的专业。

（原上海市晋元高级中学学生　钱箬妍）

　　同济大学定期组织各专业教授到"苗圃计划"合作中学给学生介绍专业情况，帮助学生了解专业所需技能、发展前景，使学生对专业的认识不再仅限于热门专业，不再仅限于知道有这个专业，而是更深入了解了专业发展、专业素质的要求、专业技术的服务对象，培养学生的专业兴趣。这种兴趣不是盲目跟随大众热门的兴趣，不是模糊的非理智的喜欢，是了解过后对未知世界燃起的探索欲、求知欲，它是坚定的、理智的。带着这样的兴趣，学生们在选择专业时更加有方向，在大学的学习中更加主动求知，这样的学生正是大学所乐见的。

（原广西南宁市第二中学学生　黄嘉琳）

我明确了自己想要什么

参与"苗圃计划"之后,渐渐地我的目标开始发生了变化。最大的变化在于我能从个人的角度去思考:什么最适合我?我最感兴趣的方向是什么?充实和紧凑的高中课业加之额外的德语学习,让我很少有时间和机会来细化自己的目标亦或是考虑未来真正想学习的专业方向。但在参与"苗圃计划"的过程中,我有意无意地认识到了自己的关注点,而非简单地将出国作为自己的目标。

在导读课程中,我们聆听了来自同济大学各个院系教授的讲座,回想起来,那些内容仍旧浮现于脑海之中,如现代汽车的发展史、基本的传动结构、暖通能源,等等。其中印象最深刻的是关于暖通能源的讲座。对于那时还是高中生的我来说,对这个专业方向并不像对汽车或机械专业一样熟悉。带着疑问听了讲座,在了解了暖通能源专业具体关注哪些实际问题、涉及哪些领域之后,我就对这个专业产生了浓厚的兴趣,因为它和我平时关注的问题息息相关。

在导读课程中了解到中德工程学院有建筑电气与智能化方向,这正是我所向往的专业。在明晰了自己的专业意向以后,我做出了与同班同学不同的选择——通过"苗圃"进入同济,而非直接去德国留学。更幸运的是,我如愿以偿地进入到了自己所向往的专业学习。"苗圃"使得我的学习目标更具象化、更实际,让我意识到自己想要什么,未来想成为什么。

我经常会被问到:"为什么不直接出国?"当初的我也曾困惑过,做出不同于其他同学的选择是明智的吗?我现在可以回答说无悔于我的选择。因为苗圃,初入同济的我在面对未来的形形色色的可能性时,没有那么多迷茫和纠结。因为在进入同济之前,我便明确了自己想做什么、未来想成为什么。我需要做的就是,向着目标不断前行。未来的我,也会到德国去深造,以更成熟的姿态,带着专业知识去交流,踏上新的旅途。

(原上海市曹杨第二中学 现同济大学外国语学院学生 赵玉莉)

创新乃发展之魂：
创新项目

导语："苟日新，日日新，又日新"，创新能力的培养是"苗圃计划"的中心任务。"苗圃计划"创新项目的实施，旨在挖掘和培养一批具有创新能力的优秀学生，把学科人才培养的平台从大学延伸到中学，使大学教育和中学教育更好地融合在一起。经过兴趣驱动，注重过程的培养，引导学生兴趣、特长，促进能力和人格养成培养，努力使学生们做到"知识、能力、人格"协调发展，为创新人才培养打下坚实的基础，以实现"作新民"的培养目的。

创新项目营造了科研氛围

在创新项目实施过程中，基本上每个团队会安排一名同济大学的教师，从学生的课题立项起，对学生进行必要的指导和帮助，使学生在创新项目的开展过程中得到锻炼。开展得比较好的项目一般都和指导教师有密切的交流，不少学生利用假期和课余时间到同济大学教授实验室进行一些简单的实验，这个过程对中学生来说感受是非常深刻的，他们的动手能力、创新能力都得到了锻炼，也感受了科学研究的氛围，对专业的了解也更加深刻。

我曾带过一组中学生，他们利用暑假在我的实验室和研究生们一起共同工作了2周，这一过程本身对中学生是个锻炼，两位学生每天从向明中学浦江校区赶到实验室，与研究生们一起做水处理实验，学会使用实验室仪器、设备，学习数据分析，最后完成实验报告，这对高中生来说是一次非常有意义的体验。现在其中一位学生已经是环境科学与工程学院大一的学生了。

我们觉得创新项目的指导教师安排方面还是要做实，指导教师应是有时间和精力，且愿意指导中学生的。学生通过创新项目的研究，在创新思维、动手能力、团队合作等方面都会得到很大的提高。

（环境科学与工程学院副院长邓慧萍、教师赵文涛）

指导学生进行项目选题

创新项目在初次实施时,我们发现中学生对于项目选题缺乏认识,普遍存在题目过大、过泛的现象,也缺乏对于项目实施的有效执行方法和手段;因此,对于第一批中学生创新项目的选题范围、类型、如何开展研究、如何提炼研究成果乃至于如何汇报,我们都结合中学的实验环境和学生的实际情况给予了一些具体的指导,并明确了一些规范化的标准和要求。

同时,对于中学指导教师,我们也邀请他们到同济进行参观、交流。经过一个轮次的实际执行,在后期的中学生创新项目环节,江苏省海安高级中学的师生们普遍都交出了满意的答卷,其中还不乏立意新颖、数据翔实、实验完备的项目。

我认为,"育苗"环节更重要的是培养学生发现问题、分析问题、解决问题的能力,初步掌握所学知识与专业能力的结合点,从而具备未来卓越工程人才的基本素质。同时,在"育苗"中既要关注学生的成长并培养学生稳定的兴趣爱好,鼓励学生将自己的兴趣爱好发展成为专业特长;也不能忽视学科基础,要让学生的学科基础满足学生素质拓展的需求。

(时任同济大学电子与信息工程学院办公室主任　现任体育部副部长　赵佳敏)

"苗圃计划"促成了一系列品牌活动

同济大学在我校建立"苗圃基地"之前,两校在高考招生、校长实名推荐等方面已经建立了良好的互信与合作。从2011年开始,我校学生先后应邀参加了同济大学举办的"全国中学生结构设计邀请赛",并获得了一些单项奖和团体奖。这样的交流为我校师生深度了解同济大学提供了良好的平台,使同济大学成为我校学生热切追求的名校。此外,时任同济大学校长裴钢院士亲临我校为学生做学术报告,也使同济大学在我校师生中树立了良好的声誉。

自"苗圃计划"启动以来,我校一方面继续组织学生团队参加同济大学举办的全国中学生结构比赛,并获得了结构单项二等奖、团体三等奖的好成绩。2014年9月我校3名学生在同济大学全国中学生结构设计邀请赛中,获单项一等奖。另一方面,在2013年3月和2014年3月我们还分别组织学生团队参加了同济大学举办的FTC机器人挑战赛,荣获初赛激励奖、全国总决赛设计奖第二名等成绩。我校还多次派学生观摩同济大学举办的建造节比赛,参加"苗圃计划"夏令营等项目活动。随着项目的深入推进,我们已经成立了"FTC机器人"和"飞机模型"两个学生团队,并建设了专门的实验室。同济大学于2015年11月开始派专家到我校为"苗圃基地"的学生举办专题讲座。

受与同济大学的合作的启发,我校的活动由原本单一的科技节发展成为多样化的科技项目,如木制桥梁结构设计比赛、手掷飞机模型比赛、水火箭比赛、纸张结构承重比赛、纸箱汽车制作比赛等项目,成为广受学生欢迎的品牌活动,应该说这是受益于同济大学土木结构力学比赛的启发以及"苗圃计划"的推动。此外,因为"苗圃基地"的建设,我校报考同济大学的学生越来越多,近两年我校考入同济大学的学生每年都有15人左右,而且2/3报考的是工科实验班。

(山西大学附属中学教师 周振宇)

难忘的做项目过程

还记得,我和"苗圃"在机缘巧合之下的相遇。偶然看见学校的信息栏里同济"苗圃"自主招生计划,让我对同济这所大学产生了向往,遂与班内几位和我一样对同济大学向往着的同学,一起组成了一个小组参加了"苗圃计划"。

首先,在选取创新项目主题的时候,我们一致认为,在高中阶段自己的知识水平还没有达到一定的程度,不宜选择过于学术性和专业性的研究,所选的主题应该更为贴近生活,有较好的实践性的题材易于后期项目的推进。于是我们提出了很多设想,如煤渣的收集利用、污水循环系统的改良等,当时我们学校周边的公交车站由于年久失修,在大风的作用下被"连根拔起"。因此,我们根据公交车站简陋、占地面积大、难以长期保养维护等问题,选取了公交车站改良的主题。根据绿色可持续发展的要求,改良方案还加上了雨水收集、利用太阳能发电的措施。因此,在主题的选取上,我们应该在力所能及的范围内尽可能地贴近生活,并根据社会发展趋势提出与时俱进的解决方案。

高中的学习时间很紧迫,压力比较大,如何分配出时间高效地完成"苗圃"创新项目也是当时我们面临的一个很严峻的问题。我们学校早晚时间安排较紧,无法挤出多余的时间,但是在中午12点到下午2点半的上课间隙,可以开展如发放调查问卷、走访有关部门等小组活动。每次小组活动都会根据各自分工安排不同的任务,每个成员可以在晚自习完成学习任务之后再完成小组任务,如果碰到需要集体讨论的问题时,晚自习上半段结束到下半段开始的20分钟休息时间内可以召集大家进行讨论。其实,我对于时间安排的最大感受就是,如果能够将碎片化的时间高效地利用起来,就可以完成很多事情。例如,在早上乘公交车去上学时,可以将近期的创新项目开展的情况以及自己对于项目的一些想法想一遍,将项目的进展情况和自己的阶段性总结用手机以文本的形式记录下来。这些随手记录能够在项目后期写活动总结时发挥作用。

在高中时期参加"苗圃计划",与同学合作交流,齐心协力完成一个目标,这个过程让我感触很深,到现在都很难忘。通过这次亲身经历,我觉得只要认真地做一件事情,用心地去完成它,哪怕最终没有好的结果,也会让自己感到充实。

(原贵阳市清华中学　现同济大学土木工程学院学生　陈婷)

中学生创新项目答辩会

做项目组长使我有了更多历练

高二上学期,我有幸参加同济大学组织的"苗圃计划",在接下来将近一年的时间里,我带领小组成员克服困难,最终完成了项目,并且得到了各位老师的认可。

其实一开始的时候,自己组队完成项目是个意外,其他组都秉持汉子和妹子要和谐搭配的原则,导致我没能加入其他队伍,无奈之下,只好自己拉人组了个全是妹子的组。因为全是妹子,一开始并没有考虑跟物理关系密切的课题,再加上我自己对化学学科的热爱,所以我们准备从化学的角度入手,开展创新活动。不过遗憾的是,我们几个想到的"水质监测""食堂蔬菜营养价值调查"等课题被老师一一否决,而课题申请的截止时间又迫在眉睫,我与组员们商议,转变角度,于是我们提出了新的课题,也就是我们最终的课题——探究斐波那契数列在光能转换方面的应用。

从这里看得出来,这个活动几乎就是完全违背了我的初衷,从组队到课题的选择,我一直都"被迫"做出改变,但是,也正因为这样,我得到了更多的历练。

作为组长,比起组员来,我有更多的责任和义务。我的决定会影响整个团队未来的走向,以及这个团队中每个人将来的发展。虽然现在看来是有点过了,不过我当时的确是这么想的。每当遇到困难时,组员们常常看着我,说:"组长,咱还继续弄不?"那个时候我咬咬牙说:"继续吧。"要知道,我们每个参加"苗圃计划"的人,都是在用少得可怜的课余时间进行课题研究,而且我们根本不知道,实验是不是会成功,这不是在做数学题,只要找到对的方法,总有一个正确答案在等着你,没人知道,通过理论得到的推论,在实际中是什么样子。调解矛盾,坚定大家的信心,驱散大家的不安和迷茫,这大概都是组长需要做的事。感谢"苗圃计划",让我意外地当上组长,让我学会如何组织一个团队。

而改换成物理方面的课题,使得我们有了制作模型的想法,当然我们也考虑到同济是一所工科见长的大学,也许会比较看重学生的动手实践能力。当时为了制作实物模型,我们花了整个星期天来完成。我依然记得全部完成之后,大家纷纷拍照留念,脸上挂着明媚的笑容,所有的疲惫被一扫而空。感谢"苗圃计划",让我在那个燥热的午后,体会到了不管"刷"多少套题都不会感受到的看到自己的想象在大家的努力下变成现实中物体的成就感,我想这才是"苗圃计划"带给我的最大礼物。

事实上,在模型制作完成后的中期检查,对我们学校的每个团队都是不小的打击,每个小组都或多或少遭到了专家的质疑。而我们的课题虽然被评价为是很有意思的想法,但专家告诉我们,树叶的排列除了简单考虑采光之外,养分的分配、叶片之间的互相影响也是其排列的重要因素。

中期检查过后,我与小组成员不得不重新审视我们的课题。我们的确把问题想得太简单了,于是决定重新定义研究课题。我们想到目前的大型太阳能发电设备大多设置于人迹罕至之处,所以我们将原本简单的提高光能的利用效率改为在复杂的城市环境中建立高效的太阳能发电系统。

不得不承认,在科技创新的道路上,我们还有太多需要学习的知识。在这次活动中,我认识到了自己的不足,还存在很多进步的空间,所以在进入大学之后,我希望通过自己的努力来获得更多的知识,积累经验,真正为我国的科技工作做出贡献。感谢"苗圃计划",让我了解到科技创新的艰难。但正因为如此,我更要迎难而上,勤奋学习知识,努力增强技能,将来有一天能做出更多的成绩。

之后,我们通过制作好的模型,设计了实验方案。我们借来了学校的万用电表,在不同时间段在学校天台进行实验。通过比较将太阳能板按照斐波那契数列排列和平铺排列,我们得到了实验结果。但同时我们也明白,实验中存在误差和偶然性,毕竟由于我们尽量在各个时间段都进行实验,比如我们选择过在上课时间进行实验,但以学习为重的我们并没有进行足够的实验来提高实验的准确性。这让我意识到,科学研究是需要花费大量时间和精力来进行的,三心二意是无法得到想要的成果的。

- 为了最后的结题答辩,我和组员们奋斗了几个晚自习。从论文的修改,幻灯片的制作,到写发言稿,排练,我们认真对待每个环节,因为这是对我们一年努力的最终考核,所以我们希望对自己一年的辛苦有个交代,力争赢得一个令人满意的结果。最终的答辩很成功,成功制作模型和进行实验是我们的优势,研究成果得到了专家的认可。尽管我们的科技创新能力还很弱,课题也略显稚嫩,还有很多问题需要完善,但毕竟是我们认真完成的成果,能得到认可我真的非常开心,也使我对未来有了更多的信心。

从一开始的组队、选题,到课题一步步推进,最终结题,一路走来,我有很多感慨,也学到了很多知识。

"苗圃计划"带给我的是在日常学习之外的不同体验。从这项活动中,我体会到了科技的魅力,体会到了得到结果时的成就感,同时,也了解到了科技创新者的不易。参与其中,我由此了解到题海之外更广大的科技世界,这使我的思维得以锻炼,不再仅仅将课本上学到的知识运用于做题,而是思考更多的问题。比如,如何将它们运用于生活中,虽然我们在高中阶段学习的知识很有限,但是我认为培养科学的思维是很重要的。

对于课题最终圆满完成,我要感谢我的团队,是她们教会我什么是团队精神,一个团队的力量远远超出个人的能量。不管是一开始的选题,模型的制作,论文的完成,还是最后的答辩,都是大家集思广益,一起出谋划策,才得到了最后的成果,是所有人的辛勤付出换来了成果。我相信,团队的力量应该大于团队中每个成员力量的简单相加,一个好的团队就应该是这样。

说实话,对于高中生的我而言,对于大学的课题研究流程是一窍不通,开始的时候对项目申请完全是一头雾水,还有结题的时候填的各种表格也不知道从何下手。在这种情况下,完全没有可以询问的对象,只好大家一起摸索,也算是与其他同学完全不同的经历吧。"苗圃计划"让高中的我们提前见识了真正的课题研究流程,也算是一大收获吧,也许以后这些经验会发挥功效。

(原陕西省西安中学　现同济大学海洋与地球科学学院学生　杜开阳)

对我们来说,过程才是最重要的

"苗圃计划",从高一第一次接触开始,带给我的不仅仅是一个美好的回忆,更是影响到了我的整个人生,我将永远不会忘记"苗圃计划"。其中我认为最有意义的培养环节是做中学生创新项目。我们获得的课题是:信号控制平面交叉口行人过街特征分析。刚开始看到这个课题,小组的成员都沉默了,因为大家觉得这样的课题一定很有深度。由此我们在心里对该课题产生了极大的兴趣。在活动过程中,我们边学习边研究,就像是在探索一块未知的领域,即使到现在,我们也不知道自己在这个领域上探索了多少。

刚开始,考察工作就进行得不顺利,我们要记录的行人特征比较多,可是人手不够,这样的考察不仅效率低下,而且非常累。我们决定走访交警支队,调取监控录像,利用录像来观察记录行人的过街特征。这样一来,我们4个人就可独自在家工作,而且大大地提高了精度和效率。

一次次观察记录的经历让我们领悟了许多,研究并不像我们想象的那么简单,我们的计划往往赶不上变化,规定一小时完成的工作可能两小时都做不完,而且可能会遇到一些我们没有想到的问题。意外的事件实在很多,组内人员的看法并不统一,这和学习完全是不一样的,就算比起做实验,也是更加复杂,更加令人难以捉摸。

4个人的思考范围,看问题或事物的角度,都是有限的。源于这个想法,我们决定设计一份调查问卷,以此来广泛调查行人的心理特征。我们的调查问卷共10个问题,由于时间紧急,未发现设计上存在着缺陷,同时,我们在问卷发放过程中也遇到了难题。比如,正在过街的行人基本都不愿意停下来为我们填写一份调查问卷,有些人还以为我们是发传单的,对老爷爷、老奶奶我们需要把问题讲得非常直白,他们才能听懂,一张问卷可能要花10多分钟才能做完。后来我们又重新设计了一份调查问卷。在第二份调查问卷中,我们删去了不合理的问题,增加了一些问题的选项,使问卷更加科学。也没有像第一次那样一股脑打印这么多份问卷,而是先印了10张问卷。看到行人填写问卷都非常顺利,我们才决定大量打印调查问卷。

发放调查问卷是一份艰难的工作,不仅辛苦,而且进度极其缓慢。我们一共打印了200份调查问卷,花了几个月时间才发放完毕,而数据的汇总分析也花了不少时间。

寒假过后,我们还没有任何的创新成果,为此我们倍感压力。我们决定开始进行总结创新成果的工作。

想要有创新成果,就必须要了解前人的成果。我们上网查找与研究项目有关的资料,同时翻阅网上显示的相关著作,结合我们平时的观察,一个个十分新颖的想法逐渐成形。

在中期答辩时,我们的创新成果引起了教授们的兴趣,教授们说这些方案国家之所以没有采用,并不一定是因为这些方案存在多大的问题,而可能是学者与专家们没有想出这样的方案。例如,斑马线一直是沿平行于道路的方向画的,这已经变成了一个传统,没有人想到如果画纵向的斑马线,可能会提高行人过街的安全性。

也许有些事物的存在只是大家都墨守成规而已,并不代表它在当今社会有多大的合理性,我们作为新时代的学子应该尝试新事物、新方法,不应被传统的思想束缚。前人的成果值得借鉴,但需要与时代社会相结合。

研究活动持续了近3年,而我们所完成的工作并不多,但是每一项工作都经过了我们的劳动与思考,也许我们的成果并不吸引人们的目光,但它确实是包含着我们的心血。其实完成任务并不是那么重要,在完成任务的过程中让自己成长起来才是最重要的。在这几次的活动中我们学到了很多在课堂上学不到的东西,也体会到了研究工作的不易,不论我们以后还会不会再参加研究工作,"苗圃计划"的活动经历都是一次难得的人生体验,这样的经验对于其他任何工作都是很有意义的。

(原浙江省湖州市第二中学学生 端启航)

实践的过程就是不断学习的过程

我与几名同样对"苗圃计划"感兴趣的同学,组成了一个小组,申请参加"苗圃计划"。"苗圃计划"通常为期一年半,里面可能会遇到不少困难,但我们有信心坚持完成这个项目,不论成功与否。我们小组成员都比较擅长于动手实践,比较擅长把平时学到的知识与实践相结合,完成项目。"苗圃计划"并不与学习冲突,我们在参加"苗圃计划"的同时,更巩固了与物理与数学相关的知识。最后,小组其他3名成员,虽然没有来同济,而是分别去了清华大学、中山大学、北京理工大学,但他们最终在参与项目的实践中发现了兴趣所在,从而选择了自己感兴趣的专业。

我们小组成员都比较喜欢运动,在选题时我们就确定了方向,要做能源回收或者新能源的项目。在比较了几个项目的可行性与实践性之后,我们选择了对安装在自行车上的可拆卸的能量回收装置进行探究。我们小组成员经常会骑自行车外出,由于家乡山区小城的地形因素,上坡或者下坡路段都比较多,在自行车骑行的过程中会比较费劲,并且在下坡阶段由于刹车会浪费比较多的能量。因此我们就把兴趣点与项目相结合,确定了"苗圃计划"研究项目的方向和选题。

在选题的初期,我们对这个装置的可行性和市场已有的产品进行了大量的比较及探究。我们都觉得这个装置如果能顺利地做出来实用性很高。比如在野外或者长距离骑行中,对电子产品的续航能力有了很大的提高,就不用再额外带充电宝这样的东西了,并且这个装置回收本来不可利用的能量,又体现了绿色环保的概念。总而言之,"苗圃计划"项目的选题需要结合小组成员的兴趣点所在,兴趣是最好的老师,在兴趣的驱动下,我们才能更好更主动地完成项目。

同时,在项目的实践中需要不断地学习。比如我们的装置就需要大量电路学和能量效率方面的知识。需要学习一些相关的知识，才能让理论与实践更好地结合。而我们只有找到了兴趣点所在，才能学为所用。否则，理论只是一些枯燥繁杂的知识，而不能与实践相结合。

这是我作为中德工程学院建筑电气智能化专业一名学生对"苗圃计划"的一些感悟。找到兴趣所在，并发挥一些创新能力，不断改进，不断探索，遇到困难也不气馁，努力解决它们。希望我的经验对大家有一些帮助，我在同济大学等着你们！

（原遵义市第四中学　现同济大学中德工程学院学生　付星宇）

中学生创新项目

感悟到了团队合作的重要性

2012年,第一期"苗圃计划"在全国范围内开始实施。我的母校西安中学正是众多参选学校中的一所,而我则有幸入选到第一批参与者之中,起初还以为可能要经历一些培训活动,然后再通过考试决定是否能如愿进入同济大学。直到后来得知需要合作探究一个自拟项目来参与评选,我才意识到此次选拔不同以往,在我面前的是一片广阔而未知的领域,充满了对能力的挑战。

几经揣摩,小组成员共同确定了研究项目。申报通过后更是跃跃欲试,可真到实施起来,才发现之前写在纸上的问卷调查、实地测量、实验计算,简直令人无从下手,我也真正体会到了"言"与"行"之间的距离,书本上学到的知识并非轻易地就能运用到实际当中,知识与运用之间尚需更为关键的动手能力作为桥梁。

跑遍了西安的几家电子商城,我们才购得了较为专业的光度计和风速测量仪,实地测量则更是比想象中的困难多很多。平时总有现成的表格让我们填,填的方法也无非只是通过计算,可这次却需要我们自己设计表格,选定测量位置、时间及次数,测量时无论天气如何,都必须坚守岗位,风雨无阻。

问卷调查对我来说则更是挑战,站在街上,面对过往的人群,递出一份调查表,以往看来多么简单的事,现在做起来却"难于登天",曾遭遇质疑,也曾经历无视……当最终收获一叠填满的表格时,心中滋味难以言表。

在经历了这些之后,作为一名中学生的我才深刻体会到了动手能力的不足,而现今有很多学生像我一样,习惯了提现成的问题,将很多事情停留在口头和理论上,从而低估了困难,真正面对的时候,才感觉到手足无措,发现可能并不是解决不了问题,而是连问题都找不到。其实,在现实生活中,更多时候问题的出现是要创造条件的,就像我们做数据统计,看似简单,而事实是制作表格、收集数据要比最终的统计困难得多,这考验的便是动手能力。从前人初步建立理论的地基,到今人不断完善着的文明大厦,所有的知识都是由实践得出再加以总结的,实践才是不断进步的基础。若是仅将知识作为获得高分的筹码,放弃了运用与实践,那么何谈进步?动手能力在很多时候比知识更为重要,却在现今的教育中备受忽视或是未被付诸行动。经过大量的数据统计与分析,我们对现实的太阳能和风能利用前景进行了评估,方才感受到了知识的用武之地。而之后进行的实验计算则又是一座看似难以逾越的"高峰",小组成员绞尽脑汁,大胆尝试,最终提出了几个可行的方案,其可行性需要通过具体的数字来说明,计算过程中难免会遇到尚未学到的知识,这是对自学能力最大的考验,于是,网络、竞赛书、老师,我们"动用"了一切资源后,方才攻坚克难,"修成正果"。

"创新"一词其实离我们并不遥远,许多学生原本很有创新思想,只是没有运用的环境,从我们常买的教辅资料封面便可略知缘由,很多教辅都写着"答题模式""原题模板",潜移默化地教学生循规蹈矩,不懂得变通与运用,还自以为掌握了高分技巧,其实这种学习方式并不符合素质教育的宗旨,以这种方式学来的东西仅仅可用来获取高分,却因顺应考试制度而备受推崇。

我们需要一个更加"自由"的平台,让那些"不走寻常路"的学生可以少一些成绩的顾虑,大胆发挥创新精神。而在创新的过程中,同样可以培养学生另一方面的能力:自学能力。在"苗圃计划"中,由于做的是自己想做的事,所以我有动力去探索未知领域,自学未学知识,能力随之有了很大的提升。自学能力不仅在大学生活中非常关键,未来步入社会可能更显其重要性,而如此重要的能力,却在现今的教育中缺少体现,所以,我们需要更多像"苗圃计划"这样的机会来锻炼提升自我,为适应未来的学习、工作环境打下扎实的基础。

最终,我们完成了项目探究,成果获得了评委老师的青睐。作为小组代表,我通过了考验,获得了进入同济大学学习的机会。回顾这一路走来的种种历练,我深感自己收获的绝不止这一珍贵的名额,还有团队协作精神,历时一年的"苗圃计划",小组中的5位成员遇到困难通力合作,虽偶有摩擦,但都心系项目进程,希望做出自己的成就,团队精神无疑是推动我们前进的不竭动力,也成为了我们每个人的财富,助我们更加从容地应对未来人生的挑战。

(原陕西省西安中学 现同济大学土木工程学院学生 章育辉)

梦想，伴随着项目起航

曾经，我也在高中那段拼搏的岁月中感到彷徨和担忧，对于自己的梦想没有一个十分清晰的答案。后来，我却在和"苗圃"的同伴们一起为了实现目标而共同奋斗的经历中，渐渐拨开了缠绕在我心中的迷茫，慢慢地确定了自己前进的方向。

大概是因为有了他人的陪伴和鼓舞，亦或是经受了之前不曾体验过的磨砺，才让我自己的信心和信念得到了提升，变得更加坚定。而见证我成长的，除了导师和同伴，还有"苗圃"。《成长手册》上记录了我们从开始立项到后来结题的点点滴滴，也记录了我们从开始懵懵懂懂地起步到后来越发成熟地思考过程。每一次向前迈步总伴随着不同的困难和挑战，要解决问题，总是要付出精力和时间。每一次经过汗水的洗礼，完成一件件大大小小的任务之后，我觉得这一切都是值得的。

我的梦想，也伴随着我内心的不断成长而悄然萌芽。拥有了梦想，对于一个人而言，可以照亮通向未来的道路，可以给予人不断向前的勇气和动力。拥有了梦想，我也不再是徘徊在人生道路上一个十字路口的迷茫少年。我想，即使那时我没有得到机会来到同济，但参加"苗圃"的经历也给了我人生道路上一次精彩而难忘的回忆，足以让我每每回想都会感到满足和骄傲。我想，这也是一种值得珍惜的财富。

如今的"苗圃"也在不断地成长，欣欣向荣，朝气蓬勃。来自不同地方的同伴，怀揣着不同的梦想，在这里开始新的圆梦之旅。我们扬帆起航，因为青葱岁月正好；我们不惧困难，因为壮志雄心未酬。梦想，在苗圃萌芽；青春，在同济飞扬。

(原贵阳市清华中学　现同济大学土木工程学院学生　陈婷)

创意来自于生活

我参与的创新项目内容是三重固定衣架制作,是将衣架在挂钩、颈部两肩处设计有固定措施,这样可使衣架更加稳固,晾衣服过程中不受大风所扰。

学校的老师说,创新在于创意,不在于有多大多惊人,只要是别人没有想到的就好。听完一些典型的小创意事例以后,我就决心开始观察自己的生活,去想生活中有哪些东西令我不满意,使我不方便。

偶然一次,我发现我们学生晾在外面的衣服总是出现各种问题,比如衣服因为风大就全部挤到一团不能被吹干,衣服会从衣架上被吹掉下来。当时我就想,可不可以制作一个适合多风地区户外晾衣服的衣架。经过小组成员的讨论和对现有创意衣架的调查,我们决定就做这个课题,既能够解决实际问题,又是属于我们自己的创意。

(原贵阳市清华中学　现同济大学中德工程学院学生　黄伊然)

"苗圃计划"有利于打破学制上的局限,为创新人才培养奠定基础。"苗圃计划"是一个长远的规划,它可以将学生原本放在高三应试上的时间腾出一部分来,让我们做一些自己感兴趣的项目或课题。诺贝尔奖获得者的获奖成果大多数都是在他们25~35岁之前完成的。学制上的突破,为有兴趣特长的学生赢得了时间,为学生今后的创新发展提供了更大的空间。

从高二起我们就开始建立自己小组的创新实验项目,从立项到PPT制作,到立项会上的说明,再到接受专家和老师的意见与建议,再到项目的实践等,这一系列的过程,虽然我们为此花了许多时间,但是我们相信努力是会有回报的。在"苗圃计划",我们相信我们这些小树苗们已萌发生芽,终将长成参天大树。

(原上海市晋元高级中学学生　钱菪妍)

"苗圃计划"开始时同济大学便安排老师更新学生对创新的观念,讲述创新类型,明确创新的要求,帮助学生树立起对创新的初步概念,然后鼓励学生带着课本所学知识回到生活,寻找生活中可创新的地方进行课题研究。在课题研究过程中,学生发现的问题和可改进的地方越多,学习到的有关知识就越多,对所研究事物的了解就更加深入,钻研兴趣更加浓厚,收获自然越多。

"苗圃计划"的创新课题鼓励学生回归生活,发现生活中的不足,并能寻找方法改进,同时以课题研究的形式记录下来,最终写成论文。这对于学生将理论知识迁移到实际、开展课题研究的能力培养是潜移默化、影响深远的,当学生踏入大学课堂,对研究方法的掌握和理论知识的应用经验使得他们能更好地适应大学的学习与研究。

(原南宁市第二中学学生　黄嘉琳)

中学生创新项目

我的创意有趣又实用

我是东北师范大学附属中学首批"苗圃"学员。正因为是首批,是探路者,是第一个吃螃蟹的人,我才能够如此透彻地参与整个过程。不知道这个比喻是否恰当,我和"苗圃"好像是一起长大的孩子。我见证它从无到有,从事事要请示发展为事事有对策。它见证我从一个平凡而没有明确目标的高中生成长为一个卯足了劲要进同济而最终达成目标的大学生。

我是从高二开始接触"苗圃计划"的。当时学习时间还不算很紧,"苗圃"的课程也比较有规律。作为一门在每周固定时间接受的课程,并没有给学习带来任何负担。然而,如果你觉得只是凭借几次听课记录,就能算上合格的"苗圃"学员,可就大错特错了。

到了高三,我们开始真正地着手创新项目了。记得那时为了配合项目辅导老师的时间安排,经常是一到下午就跑去请教和学习。有时,一个下午的研究也未必得到什么明显的进展。等回到学校晚自习时,只看到全班同学埋头学习的景象和堆满桌子的习题。说真的,你体验过绝望么?怎么办?创新项目不能放,学习也正是要紧的时刻。这真是"世上安得两全法,不负如来不负卿"。不过,很快我就找到了平衡的办法,讲出来,希望对你们能有所帮助。

首先,要正三观,看到这你可能又觉得我要散播一些假大空的说教了。Too young, too simple。不要认为在高三除了学习之外的事都是无用之事,这样当你做其他事的时候就会觉得既耽误时间也不愉快,总是想着草草了事,这样效率和质量都不会高。比如研究创新项目,要相信你现在的所作所为,都是为了最终的那个目标而做努力。那么,从哪条路到达,又有什么优劣之分? 其次,到了高三,大部分都是复习内容,一打卷子中也许只有一两道题是真正能帮到你的。

我的创新项目是车载半导体冷热温控杯座,这个题目看似一本正经并且高端大气,其实是一个非常有趣又实用的小创意。比如此刻,它就摆在我的书桌上,非常听话地在制冷呢。当我想要做一个同时具备制冷制热功能的小东西时,我首先来到某宝进行了搜索。搜查结果如下,显示温度杯,制冷或制热功能单一保温杯且不可控温。这结果不免让人失望,我又想到曾经的一张物理卷子上作为题干讲述了一种神奇的半导体材料,它既可以制冷也可以制热,只是通过电流的流向不同,而把热量转移。我又进一步地上网搜索它的原理和性质,它运用的是帕尔帖效应。非常幸运的是,在网上浏览的过程中,我看到了一段视频,是一个外国人在用一种特殊的半导体片做"沸水结冰"的实验。哇塞,我完全被惊艳到了,这不就是我要找的材料嘛,由此也开启了我创新项目的大门。"冷热温控杯座"也因此变成了"半导体冷热温控杯座"。而至于车载,则是因为它的充电装置使用的是车上点烟器的插头,所以它又变成了"车载半导体冷热温控杯座"啦!

总的来讲,这就是夏天给你冰可乐,冬天给你热奶茶,在车上充一会电,在桌上用一天的"车载半导体冷热温控杯座"啦!

(原东北师范大学附属中学　现同济大学汽车学院学生　孙艺嘉)

中学生创新项目

力行而后知之真：
暑期夏令营

导语：广阔的视野、批判的角度、创新的思维，都要在践行中得以陶冶、磨炼和成长，"苗圃计划"的暑期夏令营旨在提供集中践行的平台，在四方辏聚、八面来风的环境中彼此学习、共同进步，真正成为"知识、能力、人格"协调发展的卓越人才。

夏令营让中学生更直观地了解大学

通过"苗圃计划"暑期夏令营以及同济建造节、FTC机器人挑战赛、EP中国节能赛、汽车科技节等系列活动的开展,中学生走进大学校园,亲身感受校园文化,体味大学精神,接触专业领域,步入科学殿堂,在培养创新精神、实践能力和社会责任感的同时,有助于进一步提升对同济的认同感。

(时任同济大学建筑与城市规划学院副院长　现任教务处处长　黄一如)

在2013年我上高二的时候,接触到了"苗圃计划"这个项目。抱着体验一下的心态,我参加了苗圃夏令营,来到了同济,从那时我就与苗圃和同济结下了不解之缘。在同济的几天,我接触到了正在做"苗圃计划"项目的同学,感慨于他们的创新能力和实践能力。而且同济有非常好的学术和实践相结合的氛围,更坚定了我参加"苗圃计划",甚至能够进入同济这样一所优秀大学的决心。在参加夏令营的过程中,丰富的活动和优美的大学环境更是令我心生向往之情。

(原遵义市第四中学　现同济大学中德工程学院学生　付星宇)

在高中阶段,同济大学在校园文化节或大型讲座时邀请"苗圃"学生参加,在暑假还开展夏令营,为学生提供了许多走进同济的机会。走进同济,"苗圃"成员在学长学姐的帮助下融入校园生活,了解丰富多彩的校园文化,甚至走进校园课堂、实验室学习。这缩短了学生高中与大学之间的时间衔接、知识衔接,使学生更加了解大学,为日后的大学生活积累了经验。

(原南宁市第二中学学生　黄嘉琳)

当初学长们的项目中期汇报似乎就在昨天,而如今我们的项目即将结束,在这期间我们参与了许多活动,学习了许多知识,种子开始萌发,幼苗在苗圃中成长。在高二的一年中,我们确立了课题,学习了结构创新课程,并针对我们的课题展开了学习和研究。我们在老师的教导与自己的摸索学习中,将课题逐步完成。我想,老师们应当是希望我们能够学会自主创新、自主学习,为将来的大学生活做好铺垫。这个过程是我们提高实践能力的阶段,也是学习新知识的阶段,这是我们成长的第二步——育苗。

在这期间,我还观摩了机器人比赛、参与了暑期夏令营等活动。通过这些活动,我对于整个"苗圃计划"更加了解,对于它的理念更加清晰。尤其是在关于"卓越人才"演讲的论坛上,我更加深刻地体会到了我们要成为一个怎样的人才——既要有责任心,也要具备人文素养。我们不要局限于书本,要多关注生活中的一点一滴,多思考、分析、观察身边的事物,在这个过程中形成兴趣,培养创新的意识。作为学生,我们在"苗圃计划"中收获的是学习的方法与过程,体会它的理念并将它转变为我们自己的学习理念。在"苗圃计划"的实施过程中,从学生的角度来说,希望除了这些由学校提供的资源与平台外,能够更多地让我们自己选择感兴趣的方面,能够更有针对性。

总之,我们从"苗圃计划"中得到了许多帮助与收获,这对我们今后的发展有很大的帮助。"苗圃计划"搭起了我们与大学之间的纽带,帮助我们寻找到自己的目标。我们在"苗圃"中成长,也期望"苗圃"能在实践中不断成长。

(原上海市晋元高级中学学生　熊婉嬑)

"苗圃计划"夏令营让人收获颇丰。我们踏进校门,却不陌生,校园里充满着熟悉的味道,我们都知道,那是学习的味道。这里的学习不再是如同高中一般机械的学习,这是有目的的学习,是为自己的人生学习。经常有人说,上了大学就可以尽情地玩了,我却不赞同这种观点。物极必反,高中的压力过大造成他们大学过度的放松,这是一种错误的示范。于我而言,大学生活是比高中还要重要的阶段,因为它决定了你的人生方向。邓小平同志曾说过,"实践是检验真理的唯一标准"。没有体验过大学生活的我们,只能空听传闻,没有检验正误的途径,而这次夏令营正是我们检验实际的好机会。从土木工程的学长处了解到,大学任务也很繁重,也需要我们尽心尽力地学,并不是如同传言一般轻松。这个道理很简单,就如同在高中也有人不努力学习一样,同样的环境,不同的只是人罢了。在夏令营期间,我们了解了更多的专业,并且还进行了很多有趣的比赛。在这些比赛中,有人成功,有人失败,但是大家都付出了辛勤与汗水,为比赛而共同努力的精神是最珍贵的。

(原南宁市第二中学学生 宋保春)

创新是一种态度,亦是一种高素养的表现。只有信念坚定、善于思考、善于观察、有强烈责任感的人才会富有创新的意识。有很多的实践活动,如结构创新、OM社团等都为学生创造了培养创新意识的氛围。对于OM,自己动手设计,用柔韧的木条造出一副小巧的结构,并能承受300kg的压力;发挥创造力,对于看似简单而又平凡的即兴题给出出乎意料的创意答案;聚集金点子,设计出自己独一无二的风格表演。这些便是OM所提倡的奥德赛精神——创新精神。

态度决定一切,勇于创新的态度对于未来人才而言不可或缺。与同济大学土木工程学院联合设立的结构创新实验室中,我们用卡纸、木条,将结构力学与形态的创新融为一体,设计着缩小版的房屋、承重模型,或使用瓦楞纸板建造我们的小屋,将对于未来建筑设计的理念倾注于这些纸板,在一次次的设计、修改、实践中,利用板与板的插接、节点的设计以及整球体的受力特点,在这次建造节的活动中搭建出了属于我们的"雪花叠影"纸板屋。

创新,对于我们学生而言,是一种开拓思维的方式,对于未来卓越人才而言,便是一种必备的素养。对于日益完善的社会,一成不变、原地踏步已经失去了发展的意义,现在最需要的便是制度的创新、理念的创新。欧美之所以拥有那么多高新科学技术,便是因为人们普遍都具备创新思维,而我国现在的发展也正深受创新的影响。培养人才,培养创新意识是至关重要的,多一些思考的机会、多一些亲手实践的过程,创新的火花会自然而然地产生,充实我们的思维。

(原上海市晋元高级中学学生 夏颐)

砥砺而不可以已：跟踪与反思

导语："苗圃计划"有效地培养了学生的专业兴趣、学科特长、创新潜质和综合素质等，在一定程度上克服了应试教育的弊端，转变了传统的招生理念，把招生工作融入到人才培养的过程中，真正实现了高校在培养中选拔人才。在这一过程中，师生砥砺、孜孜不已，科学合理的评价机制、及时有效的反馈机制发挥了不可或缺的作用。

我们的思考

在"苗圃计划"实施过程中,有几次阶段性检查,如创新项目立项答辩、中期汇报、终期答辩以及苗圃结业等环节,都要求学生介绍自己的项目研究目的、思路、方法和成果等,我们发现学生们一次比一次有进步,从最初的紧张、忐忑,到后来的自信,从项目中期检查时PPT的稚嫩到终期答辩时PPT的进步,我们看到了学生在这一过程中的成长。

三年来,我们一边摸索,一边实践,在同济大学招生办和各兄弟院系的共同努力下,在中学的配合下,向明中学"苗圃基地"取得了可喜的成绩,应该说我们的教授们对"苗圃计划"的工作都能积极参与,也是非常投入的,大家都在努力引导中学生们了解同济、喜欢同济、喜爱相关的专业。"苗圃计划"的第二届学生已经结业,希望通过我们的育苗计划,能使中学生对同济大学、对我们相关的学院和专业产生兴趣,更希望中学生们通过"苗圃计划"的学习,在人格塑造、创新思维、综合能力等方面得到锻炼,并且如果能进入同济大学理想的专业,他们将在后续的学习中表现出更强的专业素养和创新能力。

2015年的高考自主招生政策有很大的调整,高考分数占的比例增加,自主招生名额大大减少。这届"苗圃"毕业生没有享受到高考一本线进同济的政策,所以整个向明"苗圃班"最后无人考上同济大学。这是我们要思考的,固然我们在中学进行的一些专业讲座、指导中学生进行相关专业的创新课题研究等,并不纯粹是为了高考,但如何把学业成绩优秀又有专业兴趣、专业特长的中学生吸引到同济大学是我们要思考的,后续我们将在"苗圃班"的选拔等方面,进一步吸引优秀的中学生。

为了更好地宣传我们的学校、学院和专业,吸引更多的优秀学子报考我们的专业,投身环境保护事业,我们还将继续努力,做好"苗圃计划"的育苗工作。

(同济大学环境科学与工程学院副院长邓慧萍、教师赵文涛)

边思考,边实践,边推进

我作为同济大学招生宣传团队的一员,近10年来,一直在第一线直接参与招生宣传的相关工作,近年更有幸承担了同济大学"苗圃计划"的一些具体工作。在这些年的工作实施过程中,接触了数以十计的中学、数以百计的学生和家长,自己对于中学培养、高考选拔等各个环节也是慢慢从陌生到熟悉,在此期间产生了不少困惑,由此也引发了自己的一些思考。

招生宣传的重点工作之一,就是每年填报志愿前面向学生和家长的咨询工作。在工作过程中,作为高校老师,我们的问题是如何找到适合同济特点的学生。我们特别希望从学生本身的专业特点和兴趣出发,为他们推荐适合自身发展的专业。但事实上我每年最为困惑和遗憾的就是普遍的"唯分数论",学生和家长问的最多的问题是:我的分数能进××大学吗?能进××专业吗?学生填报志愿时分分计较,普遍对专业不太了解。

不可否认,目前的高考选拔制度是不可替代的。但由上述现象可以看出,目前的考试选拔制度较为普遍地存在着"应试教育""一考定终身"等问题,在中学培养和高校选拔之间存在着脱节,不同阶段都是各管各,相互脱节,培养目标未考虑衔接,培养方式也缺乏系统性,从而制约了人才的培养、选拔。同时,不同的高校有着不同的办学定位、办学目标、办学理念、办学传统、学科特色和校园文化。对于考生个体而言,他们同样有着自身不同的特长、兴趣和潜质。按照现有的招生机制,高考分数是大学招录怎样的考生、考生能被怎样的大学和专业录取的唯一标准,缺少考查学校特征与考生特质等更加客观全面的双向选择和对接的过程,也容易造成学生进到大学后在一定程度上的不适应。

由此引发了诸多思考:高校应该如何密切与中学的联系,加强合作?高校是否应该让更多教授走进中学校园,通过报告、讲座、活动指导等方式将相关专业的前沿讯息介绍给中学生，以激发他们对专业的兴趣？高校是否可以以举办夏令营、各类专业竞赛等形式来吸引中学生走进专业实验室，确立他们成为创新人才的志向？高校是否可以和中学在课程的设置、衔接方面进行探讨与磨合，通过在中学设立CAP课程、创设创新实验室等形式对中学生进行兴趣引导和学科潜质的培养？

  这些思考，已经有不少高校付诸于实践，就同济而言，我认为自身参与实施的"苗圃计划"是集上述思考之大成者，它以招生选拔方式的改革为切入点，通过系统完备的制度安排，引入系统培养观念，以因材施教和促进学生终生发展为目标，更加具有可持续性，真正实现大学教育与基础教育的有效贯通和衔接，充分激发和引导学生的兴趣、特长和潜质。正如裴钢院士所言：实施"苗圃计划"，表明同济不是在坐等收割，而是要直接参与种植培育，鼓励激发同学们树立梦想，支持引导同学们早日实现梦想。虽有期冀但无功利，助力学生创新成才是目的。

  经过近3年的实施，"苗圃计划"在海安高级中学取得了一定的效果，为合作双方都交出了一份较为满意的答卷。但路漫漫其修远，作为探索大学教育和中学基础教育的"苗圃计划"仍有许多工作亟待我们继续扎实推进。下一步，我们将会同海安高级中学在以下方面继续努力：

(1)中学创新、前导课程的设置和优化；

(2)创新实验环境的创设及实际动手能力的综合培养；

(3)学生进入大学之后的跟踪与后续培养；

(4)特色的进一步凝练。

（时任同济大学电子与信息工程学院办公室主任　现任体育部副部长　赵佳敏）

为"苗圃"点赞

同济大学的"苗圃计划"高瞻远瞩，它着重考察学生的综合素质，强调学生独立参与研究课题的能力、演讲才能、PPT制作水平、与伙伴的沟通能力等。课题"拒绝信息过载，改善睡眠状况——睡眠助手设计"推己及人，出谋献策；"南充市顺庆区西门市场片区停车难调查研究"关注现实，深入分析。刘彦子云同学说，"在这里，可以发现平日普通的同学，拥有着不一样的闪光点；平日里看起来普普通通的同学，原来如此有台风；不常交流的同学原来可以这样侃侃而谈。在这里，让人有一种想要前进的动力。"李张瑞奇、许颖等同学更是从参与者的角度对"苗圃计划"提出了自己建设性的设想。

整个过程，我们看到了"思考、发现、创新、合作"，他们不再是那个坐在教室里被动接受知识的孩子，他们是自己寻求解决问题新方法的成人；他们不再是我行我素的个体，他们是精诚合作的团队；他们不再是纸上谈兵的因循者，他们是敢作敢为的开辟者。在同济大学"苗圃计划"的这块沃土里，他们自由而茁壮地生长着。

诚然，"苗圃计划"亦有亟待完善之处，但我们相信它的前瞻意识，探究理念必定会给我们的教育发展注入强大的动力。最好的教育，就是帮助每一个孩子去找到自己的生命价值。若学生能乐在其里、获在其中，这就是一种值得推广的教育方式，同济大学的"苗圃计划"，我为你点赞！

（四川省南充市高级中学副校长　范爱筠）

作为首次参与"苗圃计划"的学生，我们有着很多的不足和小心翼翼。本应是高一参加的我们，延迟到了高二，而学生考试的时间和教授空闲的时间又正好相符，各种不可抗拒的原因造成了很多的不便。因此大部分时间我们缺乏指导，都是在自己摸索。但或许正因为如此，才促成了我们独立做事的能力，少了不必要的依赖心理，独立主动地想办法解决问题，所以说这不仅不是件坏事，在某种程度上也是件好事。

作为"苗圃计划"培育的小苗，我们最初心中充满了期待与一点点的害怕，期待被培育成大树，却又害怕自己的辛苦会白费。但是在参与的过程中，害怕越来越少，更多地变成了享受。无论结果如何，我们都会欣然接受。我想，这是我改变最大的地方。

（原南宁市第二中学　宋保春）

中学生创新项目

"苗圃之家"与学生社团建设及发展

新生进入大学后，发现大学与高中在学习方式、生活环境、人际交往及培养模式等方面存在诸多不同之处，可能会出现迷茫、焦虑、恐惧等不适应的心理反应。仅仅依靠班主任对学生进行心理疏导，效率较低且学生存在防备心理，效果可能欠佳。此时，学生社团的作用就突显出来。社团通过开展丰富多彩的活动，吸引学生参与其中，很快将不良心理反应弱化甚至消除，加之社团中高年级学生的朋辈教育经验不容忽视，对新生的积极影响较大，能够引导他们鼓起勇气，克服心理反应，积极迎接大学生活，较快度过这一适应期。

同济大学于近年开始实施"苗圃计划"，这是一个长期的人才培养计划，旨在通过大学前移课程、大师讲座及进同济参观学习等形式帮助高中生提前接触并了解大学专业，通过开展中学生创新项目的全过程引导其专业兴趣，激发其创新潜力，鼓励对同济大学有认同感的学生选择就读。

进入同济大学就读并非是"苗圃计划"的终点，引入双导师制度、定制个性化培养方案、完善跟踪机制等探索仍在继续推进。同时，我们希望能够采用组建社团的方式，通过活动引导为每年"苗圃计划"进入同济就读的同学们在大学开拓一个帮助他们成长成才的平台，同时也为还在高中阶段即将入校的"苗圃计划"高中生提供帮助及服务，使"苗圃计划"能够继续在大学的土壤延续，生根发芽。

"苗圃之家"现设活动部、外联部、公益部、宣传部、秘书处五个部门，五个部门分工合作，以保证"苗圃之家"各项活动顺利有序开展。同学们在各类活动的策划、举办、参与过程中积累经验，得到锻炼，学会如何在团队中相互协作，共同努力达成目标，为将来在工作与生活中打下良好基础。"苗圃之家"现已实现如下功能：进行学业探讨、互帮互助，开拓创新创业思路与实践，开展朋辈辅导、答疑解惑，关注社会实际及参与，记录成长过程及分享。

首先，由于"苗圃之家"的同学们来自各个不同专业，其擅长的科目也不尽相同，这为大家在学业上互帮互助创造了条件，也有利于同学们了解不同的学科专业，相互沟通，为今后想要继续深造的方向提供了一定参考。此外，我们也鼓励"苗圃之家"成员以外的优秀同学加入这项活动，一起探讨交流。

其次，"苗圃之家"与优秀校友沟通联系，请他们作为"苗圃之家"的校外导师，每月为同学们讲授创新创业类讲座、开展相关企业参观活动，并为苗圃学生提供一些实践实习的机会。同学们通过与各位导师的交流，能够了解到课堂学习以外的新鲜资讯与理念，大大拓宽了视野，有助于激发创新创业的思路与灵感。

再次，"苗圃之家"还通过建立QQ群、微信群及其他网络平台等方式帮助"苗圃计划"高中阶段的同学了解大学的专业、学习、生活等情况。定期组织"苗圃之家"的同学们回到自己毕业的母校进行宣讲，谈谈自己参与"苗圃计划"的经历及在大学期间的学习生活，面对面地为"苗圃计划"高中阶段的同学答疑解惑。

此外，"苗圃之家"会在校内发起募捐活动，将闲置的学习与生活资源如书本、文具、各类教辅用品、衣物等，流转到更有用处的地方去。与贫困地区的部分学生开展"爱心结对子"活动，勤沟通多交流，帮助他们适应大学的学习与生活，培养同学们的社会责任感与使命感。

参加"苗圃计划"的高中生们还有机会定期赴同济进行参观学习与交流研讨活动，提前感受大学生活的氛围。届时"苗圃之家"的同学们将会在此期间带领"苗圃计划"的高中生进行各类活动，帮助记录他们的参与及互动，培养"苗圃之家"同学们的耐心、责任心及观察力，锻炼自身交际能力，认识更多的朋友。

下一阶段，我们应当广泛征求社团成员的意见和建议，进一步认真分析"苗圃之家"学生社团所需满足的功能，理清思路，科学合理地制定具有可操作性的规划，使社团对其成员的引导作用充分发挥。辅助"苗圃计划"更好的实现是"苗圃之家"学生社团的出发点，也是落脚点，"苗圃之家"学生社团应当以进行兴趣引导、培养学科特长为目标，打造出更多更好的品牌活动，营造良好的学术氛围。此外各项活动的策划、开展均离不开一支分工合理、各尽其能的队伍。下一阶段,应当逐步优化社团激励机制,重视对社团骨干力量的培养,确保社团活动有序开展。鼓励老成员认真做好"传、帮、带"的工作,不遗余力地培养一批批接班人,使他们能够在活动中积累经验,将社团原先优良的运行机制继承下来并有所改进创新。

  社团的发展并非一朝一夕就可以取得进步,我们需要广泛接受意见与建议,不仅在成员之间,也可在了解"苗圃之家"的老师与同学之间进行调查、了解与访谈,掌握包括社团的制度合理性、执行可操作性、管理科学性、活动认可度与趣味性等多方面信息,认真做好记录及后续分析。这些工作的时效性很强,需要及时反馈收到的信息,以便尽可能又好又快地改进,更好地服务"苗圃之家"成员们。

(同济大学招生办公室　王梓力)
来源:《"苗圃计划"大学阶段培养途径探索——学生社团建设与发展》

苗圃之家

探索建立科学的评价、追踪、反馈机制

"苗圃计划"对学生的评价依据极具导向性。高考中所谓"一分之差千人之下"的事实使多少莘莘学子和中学教师想通过不断的习题、不断的测试来得以保证,然而,这高考的"一分"只能有限地反映学生掌握知识的程度和运用知识的能力,不能从知识、能力、人格全面考察学生的综合素质,高考作为选拔人才的唯一标准显然是不够科学的。如何建立与学生兴趣、能力相符合、与中学教育相匹配、与大学教育相适应的具有可执行性的评价依据,是"苗圃计划"探索实施的关键。

每个参加同济大学"苗圃计划"的中学生都有一本自己的《同济大学"苗圃计划"成长手册》(以下简称成长手册):用于记录个人的学习计划与安排、学习与活动的心得体会、教授或负责教师的意见和建议等;《同济大学"苗圃计划"附录袋》(以下简称附录袋):用于学生提交各类证书、奖状、证明等;每位负责活动的教授或负责教师有一个《同济大学"苗圃计划"育苗记录表》(以下简称育苗记录):用于参加每次活动后,对表现突出的学生的书面评价;每个试点中学有一个关于每个"苗圃计划"学生的《同济大学"苗圃计划"成长档案》(以下简称成长档案):用于保存每一次活动的学生出席情况、每一次活动或大学课程学生的成绩、中学阶段各课程的学习成绩、思想品德、社会实践及中学教师评价等内容;高一进入高二阶段专家组对学生的评价记录;高二进入高三阶段专家组对学生的综合面试评价记录等。

专家组以"专业兴趣、学科特长、创新潜质、身心健康"为目标,依据试点中学的培养计划和评价标准,仔细审阅每个学生的评价档案,用多元、发展的视角对学生三年的成长情况进行过程分析,按评价标准的权重进行分类打分,通过面谈(综合面试),与学生交流、分享三年的学习和成长过程,提供学生合理的意见与建议以供参考,根据上述评价记录,最终给出学生的综合评价意见。

整个评价依据以过程评价为主线,用发展的眼光从不同角度来考察、分析、评价学生,实现全面、客观、理性、公平的评价目标,为自主招生人才选拔提供科学的依据,为还原教育本源,让学生全面发展、健康成长得以实现。

在跟踪与反馈阶段,首先,我们通过成立同济大学"苗圃计划"学生之家,让参加"苗圃计划"进入同济的学生以学长的身份进中学,了解中学生的问题与需求;以主人的身份,在同济组织"苗圃计划"在校生各类座谈和讨论会,听取作为过来人的体会和建议。

其次,每年召开一次同济大学"苗圃计划"校长研讨会(专家组组长共同参加)和同济大学"苗圃计划"秘书研讨会,组织每年两次的上海部分中学校长联席会,从管理者和具体执行者的角度审视"苗圃计划"实施过程中存在的问题,并通过交流、沟通及经验的介绍,逐一加以完善。

再次,同济建立"苗圃计划"网络平台,开通网上信息交流、评价数据统计和分析等功能,特别对已经进入同济的"苗圃计划"学生,在实行档案记录的同时,通过网络平台对其学习情况、社会活动、就业情况实现跟踪。

此外,"苗圃计划"工作组还会及时汇总各方问题和情况,定期开会研讨并提出改进方案供"苗圃计划"专家委员会参考,以便专家委员会在做下一阶段的方案中予以调整和改进,让"苗圃计划"在不断完善中健康成长。

同济大学"苗圃计划"还处于探索阶段,在与试点中学合作实施的过程中,我们需要听取各方的意见与建议,将计划不断完善,努力形成具有可借鉴、可推广的改革方案。

(同济大学招生办公室　王群)
来源:《"苗圃计划"实施与过程评价的思考》

我理解的"苗圃"学子

"苗圃计划"打破传统招生理念,将招生工作融入到人才培养的过程中,真正实现了高校在培养中选拔人才、学生在学习中选择高校(专业),将招生与人才培养有效结合,突破了传统高考与应试教育的弊端。"苗圃计划"按"专业兴趣、学科特长、创新潜质、身心健康"的标准,对已通过选拔的学生开展诸如前移课程、创新性实验计划等培养,实现了与大学培养的有效衔接。

当今社会需要的不是只有空洞的知识体系而无实践能力与创造力的书呆子。真正能提供社会发展新鲜血液的孩子,应当在严谨务实的基础上,有丰富的想象力与创造力,能以目前的知识为基础,使社会发展更上一层楼。

入选"苗圃计划"的学子应有儿童的天真、青年人的激情、中年人的责任、老年人的沉稳。这样他们就会有丰富的想象、拼搏的活力、踏实的本质及丰富的经验,从而成为卓越的人才。潜心学习,细心体察,大胆实践,小心求证,他们应该有自己独特思考问题的角度以及解决问题的方式,有个性,胆大心细,在逆流中站稳脚跟,在逆风中把握方向,有坚定的信念与责任心,同时具有超强的观察能力,能够从基础知识中求新,从基本问题中创造财富,要博览群书,学通百家,对各门知识都要具有一定的了解,从而完善自己的知识体系,真正体现"卓越"二字。

同济"苗圃计划"为入选学子打开了一扇门,让有兴趣的学生尽早地接触到同济优秀的学科专业,在与教授一次次探讨中有所收获。

科学的本质是以人为本,人类发明各种工具就是为了最大程度上方便人们的日常生活。具有敏锐的洞察力就相当于有一双善于发现的眼睛,只有发现了问题,我们才能在原有的基础上改进并有所创新。

就目前来说,中国在知识产权方面还十分薄弱,一直以来,中国追求 Made in China,而如今国家也认识到 Produce in China 的重要性。因此,对于入选学子,更应该培养他们的创造性思维,在思考问题时更应该从多个角度来考虑,从各个方面来培养自己的综合能力。卓越人才应有敏锐的洞察力,应着眼于现实生活,以生活为灵感源泉;在创造作品时应充分发挥自己的创造性,结合实际,考虑人文,使科学回归生活,使人文气息渗透生活。

其先为人,其先有文,兼道兼得,兼善有备,美自中来,方为卓越。卓越人才应该是半个演讲家,要善于表达自己,要有大气魄、大胸怀,善于吸取他人的意见及建议,善于倾听,独立修身。卓越人才面对来自外界的打击、压力甚至诱惑时,要具备良好的人文素养,独立人格,独立思维。首先要具备学术独立的精神,才能理性并且正确地对其生活和事业的选择做出合理的判断。德当以明理,学当以精工。卓越人才会将提高自身的人文素养作为学术和实践的基底,优秀书籍的熏陶以及音乐、娱乐的爱好信仰都能为其提供源源不绝的精神动力。

一个卓越人才自然也具备高尚的审美情趣,它是其人文素养的表现,也是其创新的来源。造就优雅的谈吐和从容不迫的人文品质,能使高智慧不被理性束缚,高情商不被情感左右,诙谐幽默却能收放自如,思维活跃,行多于言。

(原上海市晋元高级中学学生　陈月滢)

苗圃之家

进入"苗圃计划"让我更加自信

"苗圃计划"项目的拟定由学生自己完成,这就要求学生从身边出发,发现问题并提出解决方案,在过程中树立其关注社会、服务社会的意识。我们需要更多这样的机会,去接触课本之外的东西,解决实际问题,并从中建立自信,相信自己可以为社会的发展做出贡献,为自己的成长注入新的动力,为人生树立更加高远的目标。

经过了困难的历练,我收获颇丰。"苗圃计划"让我有自信成为一名更为优秀的青年,在未来的人生路上不畏挑战,奋发有为!

当下,国内大学的人才选拔方式以理论知识考核为主,对学生实践能力的考查程度较轻。而我认为,理论知识固然重要,但在实际问题中,很多时候,并没有运用理论知识的现成条件,而这种条件的获得,往往并不比运用知识解决问题更为简单,需要人不仅拥有解决问题的能力,更应具备创造条件发现问题、解决问题的能力,并且解决实际问题往往并不像在学校中那样一个人想一想就行了,更多的时候需要集中团队智慧,发扬团队协作精神共渡难关,而这也往往是当下学生们普遍缺乏的能力。这些能力的培养仅在口头上提倡是没有用的,需要让更多的学生在有所提高后得到肯定,并获得更好的机会。因此迫切需要有新的教育模式来为他们提供途径,新的考核制度来保证他们的才能最大程度的发挥,从而获得属于每个人的不同的远大前程。

分数的确是一种很具参考性的选拔标准,也确有无数人才因此脱颖而出。可是拥有数亿学生人口的中国,需要更多样的选拔方式,尽量使每个人的才能得到施展。一味将其推向"一争分数高低"的这座独木桥上,选拔方式似乎过于单一,而为了顺应这样的大潮,学生们只能抑制潜力的发展。"苗圃计划"正是同济大学做出的积极尝试,为学生们提供了全新的竞争平台,让他们得以自由地施展拳脚,实现梦想,奔向未来!

(原陕西省西安中学　现同济大学土木工程学院学生　章育辉)

春风化雨润无声：
我的"苗圃"故事

导语：园有秀苗，待育而发，春风化雨，润物无声，"苗圃计划"的实施归根结底是为了培养人才，作为直接培养对象的高中生，他们的所思、所行、所感是教育改革有效性与否的重要评价尺度。

我将带给世界的影响，是积极向上的

我来自吉林长春，也就是众所周知的汽车城。虽然今天的它，并不如当初第一辆卡车驶出厂房时那般引人注目，但不可否认的是，汽车已经成为长春的一个标志。在这样一个以汽车为荣的城市中出生，我又非常幸运地生长在一个"汽车之家"中——我的爷爷和姑姑都是吉林大学汽车系的教师，我的爸爸也在一汽的研发部门工作。从小，爸爸就会经常带我去参观各种汽车展览馆，特别是长春举办的汽博会，我更是每年都去。或许是听得多了、见得多了，我对汽车就自然而然地有了一种浓厚的兴趣，也被研究汽车的前辈们那些奇妙、突破性的创造震撼着。

我第一次听说同济大学，是在我不到10岁的时候。那时我姑姑参加了同济大学与吉林大学的学术交流活动，回到长春以后，她就给我们几个小孩子讲在上海同济遇到的有趣事情，声情并茂，绘声绘色地讲了将近一个小时，但对于当时还是个小孩子的我来说，对那些校园中老师的讲课有多么深刻、多么风趣，各地的学生文化有怎样的差异这类的话题也确实是一知半解。唯一印象深刻、至今难忘的竟然是同济大学食堂的大排面特别好吃！不过现在有一句话不是这么说嘛，如果一所学校的食堂很好吃，那这所学校也一定不会差。

后来，真正让我喜欢上同济大学的一件事，是我们学校组织的一次学长讲座。我记得那一周每天都有一场讲座，周一便是同济大学工商管理系的一位学姐，当时台下坐了有几百名学生和家长，她那种落落大方、谈吐得当的气质令我深为触动，可以说她是我第一个遇到的"同济人"，在她的讲话中，我看到的同济是一所团结向上、求真务实而且会给学生充分发挥自己才能机会的学校。那天回家之后，我浏览了同济大学的有关网站，在上面我注意到了同济大学有两个校训：一个是同舟共济；另一个是同济的古训"养天地之正气，法古今之完人"。我一直都认为，无论是一个人还是一所学校，他的特质都是从各种各样的小事中体现出来的,从同济大学的校训中,我能感受到的是几代同济人所传承下来的历史厚重感和凝聚力,还有那种脚踏实地的作风。这些种种,让我义无反顾地喜欢上了这所学校。

高二上学期的时候,我从老师那里得知了有同济大学"苗圃计划"的课程,当时就有一种想什么来什么的幸福感,于是就积极地参与了进来。后来我成了"苗圃计划"的课程班长,协助老师做一些整理学生档案、归纳课程进展的工作。虽然这些工作有些繁琐与复杂,但也正是由于这些工作和所付出的努力,让我对这个班级有一种使命感和荣誉感。我开始非常乐意去做这样的工作,比如,有时候老师有事情需要把课调到另一天就会发短信给我,然后我再拿着名单一个班一个班地去通知大家,当最后完成的时候我就会产生一种成就感。可能在你们看来这只是很小的一件事情,但在我看来,每当我完成一件事,我就像给"苗圃计划"这颗小苗浇水一样,我不仅是参与其中的人,我还是看它长大的人。

上了一段时间的课程以后,我们大家对汽车都已经有了一个大体上的认知与了解,这时老师让我们分成小组选择课题进行研究。其实在这之前,我也参与过学校的两个研究课题,但因为一个组的人员比较多,所以我所做的工作也只是搜集整理资料而已。听到老师的话以后,我的第一反应就是,这次一定要积极参与、好好地去做一个课题。为了督促自己,我主动请缨当上了课题小组的组长。最开始的时候,我们5个人兴致勃勃地选定了碰撞时车门的弹开装置作为研究方向,还起了一个特别文艺的名字——时间就是生命·车祸时车门自动弹开系统。在半个月兴奋的思考与讨论之后,我们向老师咨询意见时才知道,原来国家的法规是不允许车祸时自动打开车门的,当时真的就有种满腔的热情瞬间被浇灭的感觉,又非常地懊恼为什么之前没有做好充分的准备工作。郁闷了几天之后呢,我又想其实这样也挺好,我们几个人之前都没有单独做课题的经验,多失败一次,也是相当于在自己"零"的基础上加了一个"一",虽然不多但毕竟是跨过了一道门槛,就等于是在"刷经验"嘛。

于是我又召集了小组的成员,经过一番讨论和查阅资料后选定了现在这个研究:如何预防乘客不系安全带。在这之后,我也经历过好几次满怀激情地向组中其他成员提出自认为非常有创意的想法,结果还是最终被否决。但抱着这样一个"刷经验"的想法,我感到被否定也可以是一件非常愉悦的事情。在课题的进行中,我开始越来越享受这种一次不行就试第二次,第二次还不行就试第三次的过程,在不断的否定中迸发出新的想法,几个人一起合作,每个人都有不同方向的思考,最后汇聚在一起,形成属于每一个人的创新点。我认为要做好一个研究课题,不仅需要专业的知识、创新的思维,更需要一种团结协作的意识。单枪匹马地做事,你可能会很好地完成一件事,但是你不可能做好每一件事,一个人的力量毕竟有限,"团结就是力量"这句话传承了这么多年自然有它的道理。

在课题中收获经验的同时,我在课堂中也学到了很多知识。我知道了现在汽车正处于一个巨大的变革时期:传统燃料正向新能源方向转变,人工驾驶正转变为无人驾驶,未来的某一天相互独立的车与车之间,也将会通过互联网进行结合,形成一个庞大的信息网络。不难想象百年以后,所有的车都将是无人驾驶,当将一个乘客送达目的地以后,汽车会通过数据中心的统一控制调配去运送下一个乘客。想一想也确实是很神奇,从瓦特改良蒸汽机,到第一台内燃机的发明,再到1886年卡尔本茨三轮汽车的发明,汽车从最开始的一个会跑的冒着气的小车,到今天的智能化汽车,又或许未来还有更多我们未曾设想过的发展,这其中的每一个进展,都是由许许多多研究汽车的前辈们一点一滴积累出来的。正是他们每个人的投入与创新,使汽车发生了翻天覆地的变化。

有人说:"未来不需要预测,未来正在发生。"每一个创新与突破,都是建立在坚实的基础上的。也许你现在所做的事情并不一定会改变这个世界,但你现在的每一个行为都会影响这个世界。你永远也不知道你的一个态度、一份坚持会潜移默化地影响多少人,你也不知道它们还会不会继续影响更多的人。所以我现在努力做好每一件事情,只是希望将来我给这个世界带来的影响能是积极的、向上的,希望在未来的一场变革发生时,我能特别骄傲地说:在这份创新中,我也曾付出了我的心血,也有我的思考。

(原东北师范大学附属中学学生　陈姝婷)

从车迷走上专业之路

2689km/L，同济大学用这个数值打动了我。

这是2013年同济大学志远三队在本田节能竞技大赛夺冠的成绩。

2013年，我还没适应高中生活，却已选好了大学的专业——车辆工程。还是2013年，我第一次听说一升油能让一辆车跑几千公里，第一次听说本田节能竞技大赛，第一次听说同济的三台赛车成绩均超过了1000km/L。

在此之前，我沉浸在观看各类汽车赛事之中，再加上几本入门级的书，便凭着发动机特性曲线、变速箱种类、悬挂形式来评判市面上汽车的优劣，又或是替家长卸掉漏气的车胎再装上备胎，给家里的汽车换空气滤清器，帮修配厂的师傅们卸掉底盘护盘拧开放油螺丝放出机油。这些简单的操作总能带给我莫名的成就感，也让我的专业理想越发清晰。

上了高中，我担任了东北师范大学附属中学节能车队队长，便决心以高中生的身份挑战发动机的节油极限，造一台和同济同场竞技的赛车。

从理论到实践，我所遇到的阻碍远比意料中的多，好在有指导教师的悉心传授，颗颗螺丝铆钉还是将众多的零件拼成了一台节能车。除了已接触过的焊锡，我掌握了电钻、电锯、抽芯铆钉等工具的使用方法。虽然没学会焊接铝管，却知晓了如何用碳纤维制造零件。最重要的是，我第一次拆装了发动机，虽然只是一台使用化油器的单缸发动机。

谈起化油器，这种已经被淘汰的机械装置，油耗高的缺点让我一直很轻视它。直到后来我发现无论怎么拉阻风门，都无法将引擎发动，即便侥幸发动稍加油门也会熄火，我才意识到那两颗螺丝——怠速螺丝和混合比螺丝，是如此的精妙，从此它们令我乐此不疲反复调校，它们也从不令我失望，轻按点火开关便能听到发动机怠速稳定的轰鸣，就连油门线的轻微紧绷都会转化成转速的快速提升。

可是学校的人造草坪操场已容不下需要加速到40km/h的赛车了，一次造成车手轻伤的翻车事故，再加上学校对节能车高温排气烧坏草坪的指责，节能车被迫转移到了另一个校区。为了精确控制油耗和速度，我们改用有刻度的碱式滴定管做油箱，又加装了一个自行车码表。赛车绕着操场一圈圈飞驰，我们开始尝试更经济的转速，尝试不同品牌的轮胎，速度也尽量模仿赛事的要求，但油耗却很少能突破350km/L。我已想不出能降低油耗的改进之处，但比赛将至，于是赛车被装箱运往广州。

10月末，我终于在广州赛道上见到了同济的赛车，一台用化油器，另一台则用了我未曾料到的电喷技术。然而同样出乎意料的是，我们的赛车在练习赛中出了事故，引以为豪的镂空链条断了，皮带也出现了异常磨损，同济的油耗则超过了1000km/L。虽及时换上了新链条，车手却错失了熟悉赛道的良机。那一晚，我们整晚地研究赛道地图，可还是摆脱不了练习赛退赛的失落。第二天正赛开始，赛车缓缓驶离发车线渐行渐远，但我却只能在围栏外面目送。回想起从拼装零件到反复试车的半年，再看看眼前掠过的赛车，我不敢想象赛车再次退赛的场景。好在5圈过后，赛车安稳地驶出了赛道。

324.9km/L，一个平淡的成绩，而同济的冠军车则是1807km/L。足足5倍还多，这种差距在意料之中。同济用电脑实时调节ECU，而我们只能拿螺丝刀调节化油器。

我决心给我们的车也装一套电喷系统。喷油嘴和节气门位置传感器的安装很顺利，只是安装氧传感器经历了一些波折，因为需要用到钻床和氧弧焊。可是接各种传感器之间的电线花了我两周的时间，倘若是调节化油器，我的水平恐怕不逊色于大学生，可是论起电控标定，我的知识储备完全是空白的，我搞不懂ECU的程序该如何编写。虽然发动机终于正常运转了，蓝牙系统也能显示电瓶电压、发动机转速和进排气温度这些信息了，可看到ECU接出的十几根颜色不同的电线，我感受到的只有无助。而更无助的是，当电喷系统偶尔出现问题时，我根本不知道如何解决，怠速时高时低，油门响应有时异常迟钝。

这些问题困扰着我，也让我更憧憬大学，因为只有在那里，我才能系统地学习汽车知识，而不是上网查找一些粗浅的讲解或是翻几本入门级的专业书。我也尝试去看《汽车发动机原理教程》，却又发现高等数学知识还不够熟练，可是高二的学业负担已不允许我花大把的精力去研究大学课程了。

从小学时单纯地喜欢车，到初中时能给家里的汽车做简单的维修保养，再到高中时做节能车参赛，汽车已成为我未来学习和工作的核心。

最开始做节能车，完全是兴趣和理想使然，我未曾想到同济大学会有"苗圃计划"，也未曾想到它与我的兴趣和理想如此贴近。无论"苗圃计划"的有无，不变的是我对汽车的热爱。我会在2015年继续参赛、继续仰望同济志远车队的实力，因为这是我高中生活最美好、最难忘的回忆。我也下定决心在大学学习汽车专业，在未来从事相关的工作。"苗圃计划"让我的志向更加坚定，它指引我利用一切闲暇时间学习专业知识，而不是做一名简单的车迷。

回顾我所拧的每一颗螺丝，我所连接的每一根电线，我所查阅的每一页资料，都是我理想的见证。在操场上为节能车流下的每一滴汗水，被工具划破的手指上滴下的每一滴血，都是付出的印记。甚至火花塞的每一次点火，点燃的都是我不曾熄灭的热爱。赛车一圈圈地飞驰，青春像碱式滴定管里的汽油般流逝。转眼间进入高三了，如今我坚持做的一切，一定是我日后自豪的回忆。单缸机由远及近的轰鸣，是我少年时代最美的乐章。

（原东北师范大学附属中学学生　孙毅文）

节能车竞技大赛

老师的人格魅力，让我敬仰

卢放先生是我入学"苗圃计划"的唯一一位老师，性子沉稳，亲切而威严，是我崇敬的几位恩师之一。

先生不尚华服，事闲则便装牛仔，事急则西装革履，有包从不离身，内中乾坤不得而知，暗以推断，文件、纸笔、电脑，如是而已。先生相貌寻常，着装大众，于人群中往往难辨，而谈天说地纵论古今之时，喜形于色，快意呈于眉间，才知其非比常人。

先生极沉静，不喜造作之行。如今之课堂，多重内容之趣味，活动之丰富，而先生则纯以知识之精道，识见之广博胜于寻常，不似课堂，更像讲座。先生讲课之时，直立于课台之上，右手揣兜，讲台上不放草稿，只看幻灯，若幻灯意义寥寥，则面有难色，着急不已，至于有用之处，有益之言，则眼光炯炯，高谈阔论，或言日英欧美之历史，或道中国工业之将来，或谈技术，或论新思，盖皆寓于头脑，动于衷情，而后发于言语，故倚马千言而能引人入胜，活动之附属，大可略去。

言及课堂，先生倒有两件轶事可讲：先生非专职教师，工作所需，常奔走于全国，亦致心于研究，常有急事，不得清闲，电话之频繁可想而知，然其于上课之时从不接打，可谓尽职。一日课上，先生正高论"中国制造2025"，讲至酣畅处，忽电话至，先生略一皱眉，语势不改，阔论如常；不二三分钟，电话再来，先生照旧不理；凡三五次，先生眉头越发紧锁，而讲课依旧。电话之多，事件急迫，不言而喻，而先生斗气一般，一堂大课对手机动也不动，叫人既觉可爱，又觉尊敬。究竟电话所为何事，无以知晓。第二周，上课如常，风采依旧。

然而，"如常"并非课堂之全部，境界再高，用心再专，亦不免于俗事相扰。忆及一日，先生正滔滔于讲台之上，忽有男女二人敲门请入，在前淑女笑面迎迎，在后绅士手持相机，问其缘由，系宣传所需，照相而来。先生点头默许,重整情绪,正待张口,只见闪光灯连闪数下,不由苦笑。又要讲时,已大有不快之意,为说几句,淑女打断,请先生移步台下,以彰显课堂之融洽,又请一同学起身,佯作发问之态,全班哄笑,先生又苦笑几下,为自嘲,为不屑。先生课堂之和洽,非寓于师问生答之中,师者阔论台上,学生思虑台下,有问则言,连起立也不必,此我崇先生原因之一:又问则有答,却不知天下之事,实无标准答案可言,尤以社会人文之学,个人思想见地,实不应分优劣高下,不问非不思,一人性格之决定,识见之多少,非一问一答所能造就,不问者,实一大诘问也。

先生既闻,不好推托,只与起立学生四目相对,相顾无言,待二位不速之客出门,全班又起一阵哄笑。

这样的事很多,先生每每不擅言辞,似乎是吃了"哑巴亏",但先生从不以为意,更不加抱怨,不过摇头苦笑,任其聒噪相扰。

名为"苗圃"者,先生是真心将这般学生当作树苗,用心浇灌并给予希望的。我印象尤深的一课是先生讲"科学态度"的一节,而这也是少有的改变我思想的课节之一。

如果用一个词概况这堂课,非"希望"莫属。先生由当今中国科研之现状讲起,言及论文剽窃之猖獗,痛心疾首。我素知中国发展之积弊,挥斥怒骂者更不在少数,而先生竟不愠不怒,作结之时,先生略加寻思,道:"这是我希望在你们这一代可以有所改变的。"自那之后,先生常把这句话挂在嘴边。先生是寄希望于未来的,我常将批判体制认作一种深刻,而在先生身上,我看见了一个人是如何在体制内成功,又如何改变体制的未来。这是我所不及的。通过改变创造未来,这是每个学子应有的梦想。

作为先生口中"你们这一代",我是愧疚的。沉静、随和、专注、虔诚,这是先生的人格魅力;而偶尔的孩子气、偶尔的风趣、贯穿始终的渊博,这是先生令人喜爱之处;而当我心绪迷惘之时,当我只能看见黯淡之时,能让我仍然有对未来的信仰,对社会的责任,这便是卢放先生令人肃然起敬之处了。

(原东北师范大学附属中学学生 武向辰)

一段美不胜收的回忆

阳春三月的雨,丝丝坠入尘土,唤醒彼时皱巴巴的种子,终在此时,它们用尽全力,把蛰伏了一冬的心事绽放在阳光下,恣意弹奏着生命的韵律。举目四望,教室里认真的面庞、操场上奔跑的身影和图书室角落里静谧的世界,这一切都化作不可名状的力量将我网揽,我急不可待地拥抱一个意味深长的故事:

"同学们,我这儿有个项目要介绍给大家——同济大学的'苗圃计划'",班主任站在讲台上说道,"'苗圃计划'是同济大学近年推出的一个育才计划,希望发掘有兴趣、有专长的同学,支持他们进行自主课题研究,有意向的同学,下课来报名。"怀着浓浓的期待,我在报名表上郑重其事地写下名字,这是我和同济的开始。

小组成立后,大家开始讨论课题,每个人都提出了自己的建议,然后评判选定,继而设计规划,一次又一次地否定,一次又一次地改进,最终拿出了方案。那阵子,每当晚自习最后一节课,我们便去知心亭讨论。知心亭在大将山脚下,蚊虫乱飞,到处叮咬,可没有一个人抱怨。没桌子,就趴在椅子上画图,大家围在一起,你一言,我一语,真诚交换意见,有时甚至争论得面红耳赤,但也一定准时哼着小曲,一道回寝室休息,真是忙碌而充实,劳累并快乐着。

由于研究课题的可操作性差,我们不得已决定更换课题,当时恰逢校内检查,临时换课题无疑是十分冒险的。组内一度出现分歧,可统筹全局后,大家依然选择调换。正式答辩前,大家一遍遍地练习,希望能做到更好。答辩终于开始了,评委老师抛来的问题犀利而专业,台上的同学明显有些猝不及防,会议室里静得出奇,我只听见心在狂奏……轮到我们组了,老师就产品材料、结构等多个方面向我们发问,大家都十分紧张,眼见要冷场时,我鼓足勇气与老师交流,得到了不少中肯建议。"你表现不错。"小组成员说道,我刚要说些什么，"我不当组长了，我要退出了。"他静静地说，然后把资料交给我们就走了，甚至不等我们说声再见。有人说他不负责任，有人说他可能有苦衷……我翻出小组合照，顿感五味杂陈，可我们没时间人心涣散！于是，重选组长，分工，改PPT，一切井然展开，我尊重他的选择，带上他的期待，继续上路，抬头，就是一片星光。

同济大学教授们来到贵州市清华中学的消息让大家都十分兴奋，他们向我们介绍文学、数学、建筑等方面的知识，为我们展现了一个缤纷的知识王国，令我们受益匪浅。朱教授介绍了《飘》里的妙龄少女，描述了《雪国》中各种服饰文化，揭示《套中人》那个看似滑稽可笑的奥楚涅洛夫背后黑暗的统治，她用语言为历史长河中泛白的画面着色，帮我们感受文学的魅力。杨教授则引领我们进入数学的乐园，鸽笼原理、Ramsey定理变得趣味盎然。直到讲演结束，我仍沉浸其中，久久回味。

设计完成后，我们对工地、消防部门等进行实地走访，征求他们的宝贵意见。向陌生人请教时未免心生局促，但一想到这是必须完成的任务，我索性将拟好的问题做成问卷，试探着走上前，大胆而诚恳地提出请求，虽然起初因种种原因未能得到理解，甚至闹出不少误会，但随着走访的深入，工作也愈发变得轻松有趣，走访工作很快就完成了。接下来，我们要开始模型的制作，选材、比价、草图、锯割，原来以为简单的工作，动起手来才深知不易，但在这个过程中，我渐渐积累了许多经验，也学会了许多东西的制作工艺，收获的不仅仅是研究课题的顺利，也深谙实践操作的重要性。

参与同济大学夏令营的机会弥足珍贵，名额有限，优中选优，一度错失良机让我失落无比。幸运的是，经过一番痛苦的思想挣扎之后，我终于站了起来，重振旗鼓！也许是我的决心感动了幸运女神，我竟然得到了增补名额！这份迟来的欣喜让我深思：盛年不重来，一日难再晨，珍惜当下，把握机会，才能不徒留遗憾。

恍惚中，我梦见厨房里给妈妈温牛奶的自己，梦见坐在高三教室里，高呼着"高三，我来了"的自己，梦见阶梯教室里正襟危坐，听着教授讲解计算机、化学的自己……原本以为成长会是一场浩浩荡荡的青春之旅，才发现，它只不过是踩着时钟的分秒如期而至的惊喜。

打开同济大学官网,"同济大学,简称同济,是中华人民共和国教育部直属的全国重点大学,是历史悠久、享有盛誉的中国著名高等学府,是国家'211工程''985工程'重点建设高校……"于我而言,同济不仅是这几十个字符,正如"苗圃计划"不仅是个育才计划,她让我的梦想更清晰,让我的成长更有意义,让我收获了一段美不胜收的回忆,我敬她!同时希望在今后的日子,精益求精,还一路跌跌撞撞的自己一个完满的结局。

(原贵阳市清华中学学生　卢思然)

中学生暑期夏令营活动

求索路上，不惮前行

参加同济大学的"苗圃计划"，起初或许只是单纯地对一件新事物的好奇；然而，这一段时间的实践探究以及与教授、老师和队友们的交流，让我真正体会到了一个与高中理论学习生活完全不一样的世界。

起初，在选定实验探究课题之后，我可谓是豪情万丈，一片雄心壮志欲与天公试比高，我情不自禁地在心底树起了每一阶段实验成功的里程碑，憧憬着未来美好的蓝图。

然而，实验开始之后，心中原有的激情便消去了一半。实验材料要自己去比对，实验器材要自己去组装，实验方案要自己一步步去改善……没有现成的东西可以借用，也没有别人的成果可以复制，我们仿佛在一片空白的世界中孤独地徘徊，不知方向，手足无措。

正当挫败的迷雾渐渐要吞噬我的时候，是教授和指导老师的及时出现让我从迷茫的泥淖中突围，是他们不拘一格的思路和循循善诱的指导，给予我发现的灵感和无尽的启迪。他们严肃的科学态度、严谨的治学精神、一丝不苟的工作作风，深深地感染和激励着我，让我在求索的路上不惮前行。

有志者，事竟成；苦心人，天不负。在教授、老师们的悉心指导下，我们终于有了初步的进展。当鱼线吊着勾码蹭蹭蹭向上盘曲时，当加热枪靠近，鱼线发生明显收缩现象，带着勾码上升时，当测力计上的示数发生改变时，我们激动了，一颗原本忐忑着的心欢跳了，一双原本紧张地注视着实验现象的眼睛勾起了笑颜。我相信：这也许就是探究一件新事物的美吧！

静静地回忆着参加"苗圃计划"的点点滴滴，涌上心头的不仅仅是我所获得的物理知识，更多的是对科研工作者的敬佩以及对人生的感悟。

犹记得那一堂物理课，当老师讲到法拉第用了10年的时间发现了电磁感应现象，在座的很多同学都感到非常不可思议。是啊！那时的我们的确无法理解：电生磁、磁生电，这样一个对于现在的人们来说近乎于常识的东西，为什么他用了10年的时间才发现。

而现在,我却对他充满了无限的敬仰。也许现在课本中我们只看到一句简略的话语:法拉第发现了电磁感应现象。就像我刚刚所说:"在经过无数次的失败与挫折"这样看似简简单单、平淡无奇的话语之后,又有多少次的搔首挠腮?又有多少个苦思难眠之夜?又有多少为其奉献了一生的人呢?

人事有代谢,往来成古今。在历史的长河之中,总有许多了不起的人留下了他们浓墨重彩的一笔,后人或称赞他们严谨认真的治学态度,或赞叹他们天才非凡的头脑,或感叹他们十年磨一剑的坚忍;然而我却认为,那些默默无闻的探求者们,他们或许并不是一个团队的核心、领袖,他们或许穷其一生也没有什么惊世的发现、创造,但他们也同样值得被尊敬、被感激、被赞扬、被学习。

王国维先生在《人间词话》中曾提出治学三境界,即古今之成大事业、大学问者,必经过三种之境界:"昨夜西风凋碧树,独上高楼,望尽天涯路。"此第一境也。"衣带渐宽终不悔,为伊消得人憔悴。"此第二境也。"众里寻他千百度,蓦然回首,那人却在,灯火阑珊处。"此第三境也。

我相信这段话对于人生也同样适用。走在人生的路上,我们总要做出各种各样的选择,一旦确定了心中的追求,那就值得我去拼尽全力,靡不有初,鲜克有终,心中有所坚持,并以严谨踏实的态度,与一群志同道合的人一起,相信不论面对什么,总会看见山花烂漫、她在丛中笑的时候。

在此,我还要真诚地感谢我的战友们。是你们让我明白,团队就像是一个凸透镜,它把分散的力量集中到一点。我知道我不是一个人单枪匹马地在战斗,我们是一个团队,We are together!感谢这样一个可尽我所能、可安心依靠的团队,感谢团队的每一位成员,我的生活因为有了你们而更加精彩。我们是最好的朋友、最铁的兄弟,我们有幸在这里相聚、相知、相互协作,未来的路更需要我们一起担当,一起奋斗,一起坚持。

感谢"苗圃计划",是你让我收获良多,感悟良多,成长良多。它们或许不能轻易用言语表达出来,但我相信,这些匪浅的受益早已化作一抹香气氤氲于我的灵魂之中;在未来的人生旅途中,我会更加充实,更加自信,更加成熟。

(原江苏海安高级中学学生 徐世宁)

遇见同济，在我最美的时候

"如何让你遇见我，在我最美的时候。为此我在佛前求了五百年，求佛让我们接一段尘缘。"当我与你相遇的时候，我不禁想起了多情诗人席慕容的这句诗，我与你的结缘就是这样一段奇妙的尘缘。在我最美丽的青葱光阴里遇见你——同济，是我在前世的多少次回眸换来的今世与你的相遇，我该怎样形容我的喜悦，掬一捧清泉，还是捋一缕微风，采一束阳光，还是拥一片白云？如果生命是一艘不系之舟，那你，同济，就是我的人生航船苦苦寻觅到的港湾，我愿安恬地依偎在你的臂抱里，静静成长。

俯首过往的光阴，我问自己是什么时候开始和你结缘？似乎冥冥之中注定你是我的一部分。

是什么时候开始和你结缘？是在幼年时，别的女孩子亲吻芭比娃娃、毛绒绒熊玩具时，我却在"不亦乐乎"地玩积木、塔吊、挖掘机开始吗？是在我总角之年就常用我的小脚丫跟随爸爸的大脚印到建筑工地，看惯了建筑的场景，在沙土和水泥里修建我的城堡开始吗？

是什么时候开始和你结缘？是从我知道我最喜欢的民国才女林徽因也是建筑大师开始吗？是从我站在街头看到广告牌上的那句"建筑是流动的艺术"而怦然心动开始吗？

是什么时候开始和你结缘？是从妈妈期望我做一名风光的医生，而我见到各种虫子就想跑，听到解剖就反胃开始呢？还是从爸爸想让我做一名职业律师，可我又在死记硬背方面实在不是那么擅长，这一期望也不得已"破灭"时便注定了我和你的奇缘呢？

是的，真的不知从何时起，也不知起源于哪里，"建筑"两字对我有天然的吸引。都市有特色的现代建筑常常让我驻足欣赏，江南小镇的民居会让我久久地留恋沉思，黄土高原的土窑洞也让我陶醉倾情，就连售房传单上的房屋图片和户型结构也要拿来研究研究。"土木工程"这个词,同龄的女孩不屑一顾,我却情有独钟!曾几何时,惊叹于"即冈峦之体势"的悬空寺的建造技艺精湛,折服于"飞阁流丹"的应县木塔的精致巧妙,感慨于晋祠"鱼沼飞梁"的功能与智慧,还有乔家的富庶,皇城相府的气派,碛口古镇的辉煌无不让我扼腕称赞!更有现代纽约的帝国大厦,北京的中国尊,上海的东方明珠,闻名于世的澳大利亚标志性建筑——悉尼歌剧院,法国巴黎拿破仑广场的卢浮宫玻璃金字塔,迪拜的世界第一高楼——迪拜塔,无不深深地吸引着我的眼球,让我在美丽的建筑艺术中找到乐趣,让我沉溺于建筑之美。

就在这个时候我遇见了你,在我笃定了自己的人生理想的时刻,在我最美的时刻,我如此幸运地遇见了你。似乎我一直在寻觅你,而你一直在此含笑地等待着稚嫩的我一样,"我在你的视线里,你在我的航程上",我们注定要结一段美妙的尘缘。国内土木建筑领域内规模最大、学科最全的工科大学,吸引考上清华的学子放弃清华来这里深造。我从土木工程开始了解美丽的同济大学:他不光拥有土木这块耀眼的徽章,还有航天航空等闻名的专业。他有国家级的重点实验室,有日益频繁的国际交流,更有百年历史所赋予脚踏实地、积极探索、敢于担当的优良学风。同济培养了4万余名优秀专业人才,从中走出了以李国豪教授为代表的20余位两院院士,他们都是我敬仰钦慕的先辈导师。

同济的一位学长特意寄回了校园明信片,金色枫叶下旧旧的长木椅,旧楼上厚重的校徽,樱花飘落的大道……同济,这所未曾谋面的学校随着那一段美丽的情缘在我心里深深地扎了根。我是多么渴望与同济亲密地接触啊!多少次想象着来到这个有栉风沐雨的参天古木、美轮美奂的教学大楼、随处刻苦学习的学子的校园。走在樱花大道上,与青春伙伴一起分享快乐的时光;奔跑在宽阔的操场上,挥洒汗水与激情;端坐在小湖边的长凳上,捧着心爱的书籍,听着悠扬的钢琴声。也渴望着坐在礼堂里聆听学识渊博的专家大师的教诲;在设计室里与志同道合的伙伴探讨着图纸;在图书馆中感受着同济浓浓的学术氛围和人文情怀。我生命的不系之舟啊,将在这里安静地停泊了。

这个炎热的夏日,我将来到你身边,参加"苗圃计划",踏上我追梦行程的第一步。为了这份美丽的相遇,付出多少心血与汗水我也心甘情愿。在几经纠结定下课题后遭到老师的质疑时;在满头大汗不知从何入手时;在实验了一个上午却前功尽弃时;在研究数日的成果却发现与预想大相径庭时,我们都没有退缩没有放弃,解决了课题的设定,看过了茫茫资料定下了实验方案,把失败的一上午重新来过……这样一步一步走到了现在。因为,同济,是我梦想中的那颗闪亮的星斗,是我经受机遇与挑战的出发地,更是我憧憬美好明天绽放光彩的舞台。

让我俯首感谢所有星球的相助,为了我能与同济相遇,也许还将在这校园里度过我一生中最美好的光阴,我将在这里撷取最灿烂的珍珠……

遇见美丽的同济,在我最美的时刻,是我青春里最美的风景!我要大声呼喊:"我来了,同济!"

(原山西大学附属中学学生 白云鹭)

同济大学校园

同济情怀

一

在最爱的城市上大学是什么感觉?
清晨太阳从黄浦江边升起,给整个城市都镀上金边;
坐在南京东路的长椅上,看游人来来往往;
排队在城隍庙,只为吃上刚出炉的小笼包;
在静安寺附近漫无目的地闲逛;
法国梧桐宽大的叶子铺满了一地,踩上去沙沙作响;
在一个无名的弄堂仔细地吃着熏鱼;
听左邻右舍操着吴侬软语,聊着家常;
国际金融中心像倒插云霄的武士刀;
上海中心的打桩声砰砰不断,好似城市的脉搏;
深夜东方明珠闪着寂寞的领航灯,
一明一暗,仿佛魔都在呼吸。

二

在最爱的城市,读最喜欢的大学又是什么感觉?
仰望着国立柱,感慨这座学校反映出整个城市的历史;
同心河碧波荡漾,河边树美,花美,人美;
洁白的逸夫楼与天上的云朵相互呼应;
双子座图书馆里学子翻书的声音不断;
楼前还保留着毛主席的意气风发;
排队在食堂,只为吃上被传为神话的大排;

在西南楼前徘徊,看着古朴的建筑,便感受到了江南;

漫步在樱花大道,清冷的花香吹来,天很蓝。

三

初识同济,是在一个夏天。那是一个暑假,我坐着地铁10号线漫无目的地在上海闲逛。偶然查到同济大学也在地铁10号线沿线时,我便萌生了一个去这个学长们一直称赞的"工科学校"看看的想法。走进同济校园,却发现因为是暑假,留在学校的学生也不是很多了。独自经过一个多小时的游览后,我便对这所以"同舟共济"为训的学校有了初步的印象,也增添了几分对这所学校的好感。

正欲离去,却在一个长亭前发现了数块树立的展板,走近一看,"2012届优秀毕业生展示"几个大字便映入了我的眼帘。怀着好奇心,我便将这些展板一一看完,不禁感慨道"人外有人,天外有天"。在同济,有在国际竞赛上取得大奖的学霸,有令人羡慕的建筑设计天才,更有一个个在不同领域开花结果的学术大神……从那以后我便立志自己也要像他们一样的优秀,同时对这所人才辈出的学校也有了更多的憧憬。

四

再识同济,是在一个秋天。母亲趁我空闲时,又一次拉着我来到上海,美其名曰"旅游放松",其实是带我来考察大学。这一次我们第一站就直奔同济大学。

来到同济,正是学子如织之时。刚一进校,一股浓郁的学术气息便把我包围。目之所及,全都是充满斗志、奋发向上的莘莘学子和学富五车的教师。在这里,我感受到了自由独立的学术氛围、求真创新的科研氛围,以及科技与人文相得益彰的文化氛围。在母亲去打听住宿条件、录取情况时,我就在校园里随意地闲逛,看着从自己身边经过的学长,看着他们的朝气蓬勃,听着他们对科学或时政高谈阔论,还时不时穿插着英语和德语。一路走下去,我便更加喜欢这所学校了。

评价一个学校,不光是看它的硬件条件有多好,也不能只看它的师资力量有多强，更要看这所学校的学术氛围。同济带给我的感受正如它的特色：工科学生的理性和对学术的执拗是这所大学的基调，绿色校园的理念贯彻在每个学生的心中，常年德国文化的熏陶带给人们严谨认真的态度，创新的火花无时不在闪烁。

五

后来当我升入高中，当我得知同济大学在我们学校开展预先选拔人才的"苗圃计划"时，我便毫不犹豫地报了名。在成立我们自己的"苗圃计划"小组并成为组长以后，我便一直为我们组的创新项目努力着：和小组成员们一起头脑风暴，确立创新课题项目；为了小组的顺利合作，建立了一系列管理制度；明确与小组成员的分工，便专注在自己的任务上。这中间，有与赞助商的唇枪舌战，有与工程师彻夜的讨论，有与组员之间的拌嘴争吵。但更多的是小组成员齐心协力，一起攻克难题。当我们做出第一款产品后，除了感到高兴，更多的是释然……

这一切努力，就是为了向自己最爱的学校更加靠近，让我得以在心仪的大学就读、发展、成长。

六

最后，我想用普希金的一首诗歌作为对我"同济情怀"的期望：

If by life you were deceived,

Don't be dismal, don't be wild!

In the day of grief, be mild;

Merry days will come, believe.

Heart is living in tomorrow;

Present is dejected here;

In a moment, passes sorrow;

That which passes will be dear.

(原山西大学附属中学学生　陈浩田)

让世界因我而更美好

半年前,"苗圃计划"的项目刚刚开始。我的小组选了一个很小的课题,就是"改造校内自行车车棚"。我把它想得很简单,成果的预估定位在一张建议书,做一系列调查,写一份科学完备的建议书,在当时的我看来很圆满了。

项目自从开展以后一直拖拖拉拉,但我并不着急,因为我觉得哪怕拖到最后,用一周就能对付过去。

然后,事情有了转机。我看了一部纪录片,大家也很熟悉,叫《穹顶之下》,尽管人们对它褒贬不一,但它的确给我以很大的启示。在一组镜头里,柴静走向路边的工地,要求施工方给沙土堆罩上防尘罩;走进楼下的肉饼店,建议加装除油烟机;打举报电话,让加油站按规定装上了防漏汽装置……我看着她以一个普通人的角色完成了这些环保小行动,看着这一切顺利甚至是轻易地实现,我的心情就如她所言:"脚落实地"。明知道这些事对于改善环境的影响简直微乎其微,可还是会安心许多。我体会到,环保不仅是国家的事,也不仅是环保局和排污企业的事,它与我有关,更重要的是,我能改变,我有力量。

我想到我的项目,几乎同时明白过来,为什么我的态度是敷衍的,计划是难以完成的,老感觉身上的包袱好重想丢掉它。尽管我在开题报告的项目目的里写到"为了广大在校学生存取自行车便捷",我却没有认真想过它与我有关;尽管写到"为了营造美好校园环境尽一份力",我却没有真正认同过我有力量。

当天下午,我走在车棚里,看着满是污渍的墙面、地板,杂乱停放的自行车和拥堵的出入口,心中回荡着柴静坚定的声音:"我说不,我不满意,我不想等待,也不再推诿,我要站起来做点什么。"我第一次很强烈地意识到,这样的车棚作为美丽校园的一角,是缺憾的;作为学生生活的必经之所,是错误的。

我的目标不再是建议书,我想要真正地改变。

接下来的日子我们是真的用心了,之前的懈怠要求我们必须快马加鞭。顶着狂风和酷暑,我们测量、计算、绘草图,为了观察各时段车流量一连几天地"罚站"。咨询、记录、整理问题,向几百人发放调查问卷。标语、指示牌需要设计,存车区域要划分,车牌样式要绘制,还有卫生维护、应急措施、管理规章要完善,事情琐琐杂杂地堆在肩头。我不怕累,因为我知道它与我有关。尘土与汗水揉在一起,黏稠、厚重,有着奋斗的质感。

一直以来,"与我有关"形成的使命感支撑着我,甚至让我做出令自己惊讶的事。我和同伴们一起找学校的各个部门协商,与政教处协调规章,与后勤处协调资金。在后勤处,当我惴惴不安地拿着申请书,打算搬出准备好的话软磨硬泡时,后勤主任却爽快地答应耗资几万元的粉刷申请。他那样肯定地跟我们说:"我全力支持你们,学校也会全力配合你们。"假如没有意识到"与我有关",我定不会做这件事,我会"躲在角落里做沉默的大多数",以不痛不痒的建议书结束我的苗圃之旅。因为主任对我们的信任,基于我们对自身的信任。没有了"与我有关"的责任感,没有了"我有力量"的认同感,我将难有这份勇气和底气,难有"行使权利"而非"履行义务"的心境。

"与我有关"促成了我的苗圃项目的进行,但它的意义显然远大于此。所有事情都是一样,当你意识到它与你有关,你便会重视,便会关心。我并不是要强调人是自私的,总将自身放在首位,而是身为个体,人的潜意识决定了"与我有关"比"与他人有关""与社会有关"更有冲击力,更有紧迫感,更容易成为内在的动力,而且由于这种动力来源于自身,所以它更持久、更稳固。

相比"与我有关","我有力量"这样的自信更难形成。就像当初的我,只认为自己有力量写建议书,却没有力量作出实质性改变。但龙应台告诉我们:"不要以为你是大学教授,所以做研究比较重要;不要以为你是屠夫,没有人听你的话;不要以为你是学生,没有资格管社会的事。"你的力量往往在你承认它的时候产生和加强,而这种加强,也会反过来促使你更为确认自己的力量。有了这种良性的循环,就有了铁一般的意志和更无畏的前行。

半年之后,项目将结题。我会努力,因为它与我有关。我会成功,因为我有力量。我很骄傲,因为它不再是一纸空文,它会成为固化的记忆留存,明亮洁净,秩序井然。

　　一年之后,我将高考。我会努力,因为它与我有关。我会成功,因为我有力量。我相信,我可以再次来到同济,在更久的时间里聆听与讲述。

(原山西大学附属中学学生　高一丹)

教授进中学讲"李约瑟之问"

与同济结缘，圆建筑师之梦

人的终极追求不过是理想和爱情。初识同济，恰如偶遇令人一见钟情的伊人，从此认定圆梦之处便要在此。毫不犹豫地报名"苗圃计划"，更是不在话下。

何谓"苗圃计划"？对一年前的我来说，"苗圃计划"不过是一条通往同济的捷径，不过是一种自主招生的形式，不过是一颗高考的定心丸。如此冷漠现实的想法令自己羞愧却又无可奈何。然而随着小组课题的深入，我才明白自己是多么的自以为是。只有当实验开始，我们才明白课本上的实验误差一不小心就随处可见，才明白操作中摸索出的小技巧能事半功倍，才明白实验数据一定要分析后取舍，才明白团队合作需要更多的协商与互补。纸上谈兵十余载，不如战场打一回。我突然觉得曾经以为做出题来就能算作对知识的掌握和应用难免有些过于狂妄、浮躁和幼稚，真正的动手、操作和分析远远不是课本上几句话就能交代的。

实验的最终阶段是测量融雪性能，这时全组上下日期月盼一场大雪的降临。大年初一，雪终于来了。不过老天似乎有意同时赐予城市两种季节。东城区里没有一片雪花，而西城区却是鹅毛大雪。我刚从城西走完亲戚回到城东的家，鞋还没来得及脱，就立刻被组长要求原路返回。于是在大年初一万家灯火之时，只见两个略显孤单的高中生在风雪中徘徊在他们的作品旁。每一层雪都是一组数据，每一次变化都能激起心中激动的涟漪。我们刚辛辛苦苦把好奇的大妈们赶走，就又要苦口婆心地劝阻小朋友不要踩。别人询问时，我们会很酷地说："我们在搞研究。"有的路人敬畏而又小心翼翼地盯着我们的实验作品，还不时略显严肃地谈论几句，比划几下，让我真心感觉读书十几载，也只有那一刻才像个文化人。古有夸父逐日，今有学生追雪；夸父是为了生灵百姓，学生是为了完成实验，虽然学生相比于夸父的伟大和高尚显得微不足道，但却和夸父一样都是怀着虔诚尽力做到问心无愧。那天晚上雪很大，却有幼苗在茁壮成长。

原来"苗圃",是真正的"苗圃",它绝不是为了讨好同济以求优惠的功利之举。它是同济对学子的要求,它是同济对时代教育的反思,它是同济对我们这样千万中学生至深的理解、帮助,甚至挽救。同济大学对"苗圃"二字是用心的、负责的。

对同济的神往源于自己建筑师的梦想,与建筑结缘却是在童年的玩闹中。为了给自己的玩具一座堡垒、一所基地,磁带、书本、桌椅、橡皮泥,哪个不是我的建筑材料?后来抗日剧风靡,小朋友热血沸腾也要上战场,出于对堡垒要塞的向往,我干脆在自家卧室搭建了一个,利用床、窗台、墙壁构成的天然夹角外带窗帘就组成了主要空间。为了兼具堡垒的神秘性和隐蔽性,我的进出口是一个仅允许9岁儿童撅着屁股才能钻进去的纸箱子。每一次出兵"杀敌",都是对腹肌和耐心的考验。虽然堡垒内部极度闷热,但待着着实有感。再后来橡皮泥技术有所进步,基本上可以把自己所想都以立体的形式捏出来,于是就自己由着性子设计并制作模型。最幸运的是在农村一年的生活经历,摸鱼、抓蛇、掏鸟窝没少干过,与此同时被博大的自然赋予了天马行空的想象力,也染上了描绘世界的嗜好。天赋浅薄但热情盈满,美术班修行8年,沉默8年,终于在手上稍稍积累了一点功夫。由此才想,才敢试着做自己建筑的梦。

在我看来,建筑便是灵感,是文化,是彻头彻尾的艺术。我追求和希望的建筑风格是自然与人,传统中国与现代世界水乳交融从而实现和谐、浪漫。我希望建筑在城市中自然的生长而不是切割城市。我希望建筑将城市演替为独特的森林而不是被城市拿来耀武扬威当炫资。所以我幻想着圆梦于同济,于此丰富、修炼自己,让自己获得设计建筑的资格,若真能如此,有朝一日我们就能在圆形胸骨状的博物馆中感受古化石的魅力,在木材、玻璃、金属相交共筑的树形楼中处理事务,龙型走廊坐落在花草中安详却不失霸气,玫瑰般的靠椅会让月下、等车的情侣感到温馨……

志存高远,脚踏实地。我既已认定自己的建筑之路,认定自己要拼尽全力一点点接近同济,一步步走进梦想,便也会欣然接受自己将会是一名苦行僧的命运。我虽然不知道未来有多少痛苦、挫折、误解,但我明白最耀眼的结晶总诞生于至深的孤独。在"苗圃"中与同济结缘,感谢"苗圃"让我思考和成长,感谢同济让梦想有了皈依。

(原山西大学附属中学学生　郭信)

理想之舟正扬帆起航

　　书山勤径，学海舟行，转眼又是一年高考季。停笔抬头窗外眺看，斜风舞着小雨淅淅沥沥，如丝似练，浸润着学校那条熟悉的小巷。迷离的阳光披着细雨，被玻璃窗裁剪成若干块儿的梦想与轻狂，折射成不规则的形状落在厚厚的参考书上。转瞬间，高三即将盛大开幕，学长们也迎来了人生第一次"大考"。闲花横落，流光飞转，时代在身后舞蹈，我们在时间的围城里，苦读略显甜涩而稚嫩，又满怀憧憬的人生。

　　沿着时间轴回望过去，一幕幕熟悉的过往浮现在眼前。也是在去年的这个花雨轻扬的夏季，从诗歌节的深情朗诵到艺术节的放歌徜徉，一直沉浸在各种校园活动的我忙得不亦乐乎。偶然间在老师办公室看到了一份同济大学的"苗圃计划"，忙乱的心为之一动。很早以前就听说上海同济是一所"同舟共济、自强不息"的历史名校，仰天地之正气，法古今之完人。不知是出于对名校的向往，还是出于对同济厚重人文气息的仰止，我毅然决定参加了同济大学的"苗圃计划"，成为了一棵等待栉风沐雨的小苗。起初的我懵懵懂懂，并不清楚"苗圃计划"是什么项目，也不知道其目的何在，只是隐隐约约觉得可以培养自己的团队合作能力，又能让自己在高中时光铭刻下多姿多彩的记忆。虽然学习是高中的主要任务，但是有机会锻炼自己的动手能力，为高中生活勾勒出一道靓丽的风景线，在附中留下我或深或浅的足迹，也是一件年少时值得骄傲与纪念的事情。

　　第一次接触项目，没有一点头绪，我们组的3位同学都充满了疑惑与不解，什么是项目？项目包括哪些内容？有什么用？直到同济大学沈水明教授带领他的教师团队做了课题报告，我们才稍稍有了头绪。从呀呀学语到青春年少，我从书本上、媒体上常看到××讲师、××教授的论文或讲座。他们散发着的思想光芒如同磁石一样吸引着我，我几乎认为大学讲师、教授都是像爱因斯坦、牛顿那样每天待在实验室里手持试管、全副武装、正襟危坐、不苟言笑,直到认识了沈老师,我才真正知道,原来教授也可以这么风趣幽默、平易近人,外表的不拘小节更体现其智慧与风度。沈老师制作的PPT简明易了,让我们对项目过程有了充分的了解,包括立项、中期、结题等。起初,我们组立项为"对周边酒店车辆管理的改造"并起草了初步方案。沈老师看后微微一笑,说:"对于你们来说,这个立项内容太广,难度涉及较大,调查过于复杂不宜实行,而且有关城市规划项目并非固泥于传统普遍的停车、街道等问题。你们可以从身边角度考虑,比如社区学校等地方。"之后,我们又看到其他中学的同学的项目例子,受益匪浅。我们组在激烈商讨后最终决定从身边校园入手,立题为"改造校内自行车车棚"。身为一名附中人,能为母校做点什么,让我想到了一句话,"无论黄昏把树的影子拉得多长,它总是和根连在一起。"

立题容易结题难。教授们帮同学们拟定项目和规范时间安排后便回去了,而各个小组开始了紧张有序的项目实施过程。我们没有任何经验,只凭着初生牛犊不怕虎的勇气,开始了我们的"苗圃之旅"。我们小组3人商量先看一看学校车棚有什么问题,一一列好再逐一解决。于是"早出晚归、披星戴月"的生活开始了。我们学校是根据男女生将车棚分开,于是每个车棚分派两名同学在早晨7点到校观察人行高峰期。清晨窗透初晓,晨光熹微,我就准时出现在车棚门口,任凭清风拍打着我沉睡的大脑。看到有自行车骑来,我便一个机灵清醒过来,看着手腕上的表计算起来,一辆、二辆、三辆……我一边看表一边数着每分钟内车子驶入的数量。当天任务完成后便跃跃欲跳。从那以后,我们不仅统计高峰时间,还寻找车棚内部空间安排问题,与安保部协商,与学校后勤统一规划,看着本子上一项一项计划顺利实施后打的红对勾,心中感到离改造车棚越来越近。如今我们的项目正在顺利推进,设计出了很多种不同类型的样式。我们还向同学们印发了调查问卷,广泛征求大家的意见,提出更加具有创意的想法。预计今年暑假就可以完成外墙美化、公告宣传和车牌发放了,届时一个创意新颖的自行车棚就会呈现在同学们的面前了。

书本得来终觉浅,绝知世事须躬行。通过参加"苗圃计划",我们学到了很多书本上永远学不到的东西,也许那就是真正有用的"学问"吧。虽然我们每天很累,但第一次体会到了什么是"苦其心志,劳其筋骨,空乏其身,增益其所不能"。同济大学"同舟共济、自强不息"的校训,正谓其言。李国豪校长曾说:"乘扁舟而济者,其身安也;粹大道而动者,其业也美。"当一个人真正执著于一件事情并全身心想把它做好,便会调动浑身每一个细胞参与,夜不能寐,这大概就是王国维说的第二境界——衣带渐宽终不悔,为伊消得人憔悴。古有曹雪芹呕心沥血"批阅十载、增删五次"成就红楼之梦,今有路遥吐血力尽而亡之作平凡世界,大抵就是这个道理。那么学习与人生何尝不是这样呢?每一个不曾起舞、浑浑噩噩的日子,都是对生命的辜负。每一个"明天再说",都是对你今天不肯奋斗的借口。

三年时光,说到底,不过是一段心路历程。感谢"苗圃",让我提早感受。为了项目可以保质保量完成,我们不得不牺牲很多课余时间进行车棚设计,体育课上不再有我们活泼的身影,转而却在车棚污垢丛生的水泥地上丈量尺寸;晚上要逐班进行调查问卷的发放与收回,并统计数据;周末大家要设计车牌、联系设计公司,满身疲惫却不能休息,还要完成作业。同学的不解与家长的误解一度让我迷茫——"苗圃"能让我学到什么?但我心中却始终有一个坚定的声音:"一切都值得!"

雨幕卷起,彩虹落下。高三学子们完成了他们最后一次初长成的洗礼,而我们也迈入了再擦几次黑板就要毕业的日子。经不过似水流年,逃不过此间年少,然而"苗圃计划"却让我们提前开启了走向理想之光的大门。感谢"苗圃",她教会了我们吃苦耐劳和坚韧不拔;感喟"苗圃",她让我们懂得了团结协作与执手相撑;感悟"苗圃",她不仅给了我们成长的锻炼,更给了我们那天下闻名、历古阅今的人生校训———"同舟共济、自强不息"的最好诠释。

"苗圃"情,"同济"训,不经意之间,我与你已经在绵绵雨巷深情相邀。不远处,理想之舟将会在那个神圣殿堂扬帆起航。

(原山西大学附属中学学生　郭子轩)

原来我有创新的潜质

一个月前,我还是个迷惘在学习中的高一学生,手足无措地忙碌在日复一日的学习中,但是一个偶然的机会,让我接触到了"苗圃"。起初,我只是报了名想去一探究竟,但渐渐地发现,这并不是一个拥有严格考试制度的地方,而是一个给予学生创新思想并鼓励大家付诸实践的天堂。我开始明白,在这里,所有那些有创新想法的学子都可以大展身手,利用自己的智慧打造属于自己的创新项目,这样的方式,不仅选拔了一批优秀学生,而且与国家着重培养创新人才这一重要教育理念相切合。

其实早在上学期,我就对"苗圃计划"略有耳闻,因为学校每周五都会有来自同济各个学院的教授进行讲座,他们总会提及"苗圃计划",在讲座的结尾都会由衷地希望同学们将来有机会可以进入到他们各自的学院学习,比如土木工程学院、环境与科学学院、海洋学院等等。他们各自的演讲风格深深地感染了我,吸引了我,那时的我便萌生了参加"苗圃计划"的想法。

中国古代曾有一个人,背负着纸做的翅膀,义无反顾地纵身跳下高高的山崖,希望像鸟儿一样飞翔在晴空。在粉身碎骨跳下的一瞬间,他是否隐约看到了碧空中可以自由翱翔的飞机?英国作家凡尔纳,在他一生的作品中尽情幻想,将热气球、潜水艇、电报提前了几十年,甚至几百年带入我们的生活。在他下笔的一刹那,他是否已经预先看到了遥远的未来?每个人都有自己的梦想,我也是,梦想标示着丰富的想象力,想象力为创新提供源泉,而我拥有这样的想象力,创新从梦想中蜕变,而我,渴望创新。于是乎,"苗圃"便是我所期盼的一次机遇。

记得上次"苗圃"面试,我带着自己精心准备的动力外骨骼项目参加,给老师们留下了深刻的印象,但这完全是出乎我意料之外的,我从没想过自己会有这样的潜力,从原理到用途,从起源到结论,我把自己一切的创新想法,毫不保留、淋漓尽致地展现在老师面前,而这样的表现恰恰是我未来创新路上所必需的。

喜欢看纪录片,读科学杂志,关注一些科技小发明,这就是生活中的我。喜欢理科,爱读书,思维开阔,这就是学习中的我。不论走到哪里,我坚持做我自己,亦如我坚持进入同济大学学习的梦想一般。在我初二那年,姑妈家的儿子,也就是我的表哥,从外省市以高分考入上海同济大学的交通运输系,我羡慕他的成就,所以我一直想追上他的脚步。同济便成了我的梦想,而高中又来到了晋元,有幸结识了"苗圃",我觉得这是种缘分,无形之手在引导我向梦想之路前行。

但我明白这条路的前方有着千难百阻,但我想倔强一回,跟着感觉走,创新的确不简单,尤其是在做项目的同时又要顾全日常学业,可以想象以后的路并不平坦,法国作家司汤达说过:"一个人只要强烈地坚持不懈地追求,他就能达到目的。"我相信这个道理,也会付诸实践。

最后我想说,作为高中生,我们的知识仍然贫乏,也许我们没有多少伟大的具体的创新。但是我们有着难能可贵的创新意识,这就足够了。首先,我们要学会梦想,学会不让现实堵塞我们的天真,不时地做一做童年的梦,想一想飞上火星的浪漫,想一想生活于外太空的美妙。不要只盯着别墅、跑车,做物质的奴隶。然后,让我们学会怀疑与批判。不要吓倒在老师那威严的面孔下,不要认为凡是印成了铅字的东西就是真理。昆德拉说:"人类一思考,上帝就发笑。"相信自己,坚持怀疑,敢于批判,不惧权威,方显英雄本色。再者,让我们深沉一下,稳重一点,不妨压抑一下青春的律动,多思考一些东西,多研究一些学问,不要有了一个奇特的创意,一个未闻的发现就妄自高兴,而到实践时却束手无策。最后也是最重要的,就是要培养自己的创新意识,尤其是对专业中新事物的敏感度。伦琴因为一张被感光了的底片,意识到X射线的存在,最终获得第一届诺贝尔奖;牛顿因为一只落下的苹果而发现万有引力。他们对于专业的敏锐,是我们在学习中真正要掌握到手的能力。

总之,我会珍惜这次千载难逢的机会,守护好"苗圃"这张通行证,总有一天,我会实现我的梦想,自信地坐在同济大学的课堂里学习。

(原上海晋元高级中学学生　曹翊扬)

在美好的时光去创新

你说,你是山间的小溪,
冬日里被禁锢,
夏天唱着哀怨的调子。
你说,你像路边的大树,
只有风吹过时,
才可以笑给自己听。

直到有一天,我们来到了"苗圃",你能够欢乐地歌唱,无论平静或是波涛;你能够向着太阳努力生长,无论经历挫折或是迷茫。我们都是苗圃里的花儿,这是一个展现自我光彩的平台,在这里,我们与同学老师一同分享点滴的时光,也收获属于每个人的欢乐与感动。

自2012年3月16日同济大学与全国20所知名高中携手合作推出"苗圃计划"以来,已实施两年了。作为一名高二的学生,我很荣幸在刚进入高中之际便参与这一项目,在整个高一阶段,接受了与兴趣有关的培训,培养了自我的创新意识。

传统的高考与自主招生制度已经实施很久了。自改革开放恢复高考以来,人们对高考的认识越来越多,尤其是参加高考的学生和家长,对高考越来越重视,当然,高考的问题也就渐渐地显现出来。高考的唯一优势就在于用简单易行的办法来为国家公平公正地大规模选拔可以接受高等教育的"人才"。但高考的弊端也显露了出来,是它直接造成了"应试教育",从而造成了中小学过重的课业负担,学生被培养成没有创新精神的考试机器,只注重选拔与甄别功能,而不重视全面提高公民素质等。这样一来,学生几乎把全部时间和精力都用在学习教材及与考试有关的教辅资料上,很少有时间来培养自己的兴趣和爱好,自主探索的机会被完全剥夺了。"死读书"而不掌握任何研究现实问题的方法,没有对任何一个领域产生真正的兴趣,没有任何主动学习的欲望,如何在将来为祖国的发展做出贡献呢?

而"苗圃计划"则正是旨在让一些优秀的高中生尽可能摆脱高中的应试教育,腾出一定的时间从事自己真正有兴趣的学科,弥补现有招生政策的短板。

"苗圃计划"让学生们敢于创新,敢于实践。

高一开始,学校便开设了"走进大师"的课程,让原来记忆中刻板的知识也可以变得那么生动有趣,飞机的基础结构、海洋中的"秘密生物"、直饮水的奥秘、桥梁的受力分析……脱离传统课堂的局限性,讲师与我们齐聚一堂,积极互动,这些无一不让我感到新奇与兴奋。即便在讲座之后,同学们围在一起谈论起来还是滔滔不绝,乐在其中。

进入高二,几个小伙伴组成创新小组,思考并确定了自己的研究项目。同时,我也每星期走进同济大学和大学生们一同上课。我想若是有人问我在"苗圃计划"中收获了些什么,我想那就一定是学会敢想敢做,学会与他人合作。无论是做创新研究项目,还是在"地下室"做纸结构、搭竹桥间,小组里的每个人都会提出自己的建议,一次一次提出方案,被否定;一次一次做实验,不成功……从头开始,不怕失败,一次又一次地改进又完善。这其中,有过学业繁重要两头兼顾,忙得焦头烂额的时候;也有过组员之间对于一个点各持己见,不肯让步,争得面红耳赤的时候……但无论如何,我们也渐渐学会了克服这些难题,互相鼓励,互相帮助,竭尽全力把每一件事做到最好。即便并不完美,却也是我们劳动的结晶,是我们团队合作的象征。

这就是我的苗圃故事,简单而又充实。

去做梦,因为我们不能未曾绽放就枯萎,我们不能遇到挫折就放弃。

去寻找,正是因为没有方向,才要努力去寻找兴趣所在。

去相信,今日付出的努力终将会得到收获。

去坚持,只有自己才能让自己发光。

去拼搏,希望就在前方。

盛年不重来,一日难再晨。

青春是用来为之努力的,

用这样美好的时光去创新、去实践,

哪怕这很难,

哪怕会失败,

但这又何妨,无论如何,

至少在未来,

回忆起我和我的苗圃故事,

我收获,我快乐,

这才是我想要的能嘴角上扬的青春。

(原上海晋元高级中学学生　刘佳芸)

中学生创新项目

我的桥梁梦

多年以后,我仍记得在我读小学时,父亲带我去参观南浦大桥的那一天。

那是我第一次领略到南浦大桥的雄伟魅力。只见它犹如一架横卧的竖琴,又宛如一条昂首盘旋的巨龙横卧在黄浦江上。大桥的造型刚劲挺拔、简洁轻盈,凌空飞架于黄浦江之上,那壮丽的景象直击我的心灵,令我至今难忘。

听父亲说,南浦大桥是一座现代化的桥梁,主桥长846m,跨423m过江,跨度之大为全国之最,其规模在当今世界同类桥梁中位居第三。其规模之雄伟、工艺之严格、技术之复杂、施工难度之高、建设周期之短是我国桥梁建设史上少有的,也是在世界桥梁建设史上罕见的。

我不禁赞叹:是谁这么厉害,设计建造了这么伟大的杰作?

后来我才知道,南浦大桥是双塔双索面、叠合梁斜拉桥,它是由我国著名桥梁专家——同济大学的李国豪教授主持设计的。那还是在1982年,上海决定在黄浦江上建造大桥。当时,日本提出可以免费设计并提供贷款,条件是工程必须由他们负责。但李国豪教授认为中国桥梁界完全有能力也有信心在黄浦江上架桥,于是,他勇担专家组组长,带领同济大学桥梁系的教师和科技人员,进行建造南浦大桥的可行性研究。经过反复调查、钻研和论证,终于在1983年形成了"叠合梁斜拉桥"的建桥方案。就这样,由我国自行设计建造的南浦大桥,承载着中华民族的骨气与智慧,托起了日后上海经济快速发展的滚滚车轮!

由此,我牢牢记住了南浦大桥,也记住了李国豪教授,更在脑海中深深刻下了同济大学的烙印。桥梁,成为幼时的我心中那朦胧却持久的梦想。

长大后,幼时的梦想伴随我进入了上海晋元高级中学。没想到在这里,学校开设的"走近大师"课程又将我心底的梦想唤醒。

"走近大师"是同济大学"苗圃计划"——苗圃基地的一门极具特色的课

程。"苗圃计划"一方面可以让我们获得更多的教育资源，另一方面，也可以做好高中与大学的衔接。同时，也使我们能够近距离地接触大师。

在无限期待中，"走近大师"第一讲终于开课了。当得知第一课的内容竟然是"桥梁的力学原理"时，我真是无比激动，准备要好好拓展一下桥梁知识。

课堂上，主讲教师石雪飞教授为我们介绍了桥梁的基本形式。我从中了解到桥梁按主要承重结构体系可分为梁式桥、拱桥、吊桥、钢架桥、斜张桥和组合体系桥等。为了使我们能够更加透彻地理解这些桥梁的定义，教授还为我们举了现实生活中的一些例子，比如：中国著名的赵州桥属于拱桥，金门大桥属于吊桥，南浦大桥则属于斜拉桥。我在这些外部造型优美、内在结构严谨的桥梁杰作中徜徉，不禁被建筑大师们的智慧所折服，也更加坚定了我最初的理想。

一个多小时的课程在充实的授课内容中匆匆而过，却让我受益匪浅。我们从中系统地了解了结构工程技术的发展，既丰富了课外知识，又激发了创新热情。它让我再次走近桥梁，走近梦想。同时也让我明白：一个真正的人才不仅仅是以优秀的成绩衡量，更重要的是，他要拥有一颗敢于拼搏进取、善于开拓创新的心灵，用智慧与不服输的精神去实现自己的理想，追求心中的梦！

高中的学习是紧张而辛苦的，但在学习之余，我参加了学校的"苗圃计划"学习班。这里有我的喜怒哀乐、甜酸苦辣，也让我留下了一串串成长的足迹。

还记得，夜幕早已降临，而我还在实验室里和伙伴们激烈地讨论着承重结构的设计。我们竭力阐述自己的设计理念，为的就是让我们的设计更加完美。

当承重物缓缓下降，落在我们的承重结构上时，我们屏住呼吸，在心里默念着：成功，一定要成功！然而现实却给了我们残酷的一击——我们为之努力了数周的心血倒塌了。我们沮丧，我们叹息！不过，我们马上打起精神，从头再来！我们一起分析失败的原因，找出薄弱环节，一遍又一遍，推敲再推敲，新的设计图出来了。随后，我们又埋头进入制作环节。主承重支撑好了，辅助支撑好了，结构横梁也好了——一道道工序都完成了，新的承重结构又诞生了！测试如期而至，我们又紧张、又激动，握紧拳头牢牢盯住承重物——啊，承重经受住了，再不断加压，它依然屹立！我们终于成功了！那一刻，我心中的喜悦和骄傲难以言表，那个埋在心底的梦想被成功的喜悦浇灌，也开始不断萌芽……

　　还记得当我们课余时间来到同济大学,坐在同济的课堂时,我心生无限的敬仰与向往。渊博的老师、开拓的课程、创新的思维、积极的互动,这些将会引领着我们,实现更有意义的人生,走向更加美好的明天。

　　或许,一年以后,我的桥梁梦会有一个归宿。也或许,毕生理想的实现,不能都交给一年后的结果来决定。但无论怎样,我的心已属于同济,我将会为理想奋斗不息,坚持到底!

(原上海晋元高级中学学生　王卓青)

同济大学校园

享受过程

在我人生中存在两种境遇：一种，是在参与的过程中体会至为辛苦的概念，从头到尾都在单打独斗，奉献自己的体力与脑力，看到绝望的片刻也必须收起自己的苦涩，克服绝望重新开始；还有一种，是虽然在参与的过程中享尽了辛苦的历程，可是关键处，能感觉到有种笼罩在上方的力量不动声色地推了自己一把，连人带经历一起推到了一个正确且美好的地方，我难以置信地打量容光焕发的自己，觉得收到了一份珍贵的礼物。

对于我来说，参与同济大学的"苗圃计划"就是后一种。

德语DSD班是我刚开始待过的班级，虽然我的选择是想改变最普通的高中生活模式，试着去接受一门新的语言课程，以此来丰富自己的人生，顺便使梦想朝自己踏步而来。但是实际上，越好的种子就越难得到：一天十节课的高强度日程安排压得我透不过气来，不仅如此，德语的学习要求更是难攀。退一步，也许海阔天空——机会是难得的，正逢学校创设"同济班"，一个走同济自主招生计划的提前班，要求欲加入的同学有过硬的成绩，并进行德语或意大利语的学习。学习的强度绝没有德语班的大，但额外附加的，需要每位加入"同济班"的同学积极参与同济组织的实践活动。心动已冒泡沸腾——我有德语的基础，我也有撑得了台面还看得过去的成绩，在看多了海外留学派的孤独寂寞后，我毅然决定相信国内的学习制度，踏上追逐同济的路。

我不知道这种初衷是否属于梦想。墨守成规的生活叫我不要去妄想什么伟大，大概能踏实地走好脚下的每一步便是成功。于是短期目标的概念代替了梦想，以至于我现在再遇见梦想的时候，开始认不得它原本动人的身影。但无疑，走进"同济班"的计划于我来说是立于理想之上的，被安排好了的生活、具有欣赏价值的生活、自我满足且充实的生活，这也是不仅仅局限于学习的生活，还有更多存在于生活中的实践等待着我去完成……这大概就是属于我的种子吧,它需要一个积极向上、丰富生活的主人给它一片肥沃的土地。

每个人,在努力而未能成功之前,都是在寻找属于自己的种子。我们就如同一块块土地,肥沃也好,贫瘠也好,总会有属于这块土地的种子。你不能期望沙漠中有绽放的百合,你也不能奢求水塘里有孑然的绿竹,但你可以在黑土地上播种五谷,在泥沼里撒下莲子,只要你有信心,等待你的一定会是稻色灿灿、莲香幽幽。

有一句话这样说:"迷茫的时候,应该始终选择难走的路。"眼前因为有新的"苗圃"同伴,路上不再寂寞;而望向眼前难走的路,明白如何从泥里的种子过渡到苗的形成才是行路的关键,关于成长,关于梦想,关于我与同济,我已经走过了许多的路。

第一次的接触就从"成苗"的主题开始,同济老师首先授予我们一堂谈人生、谈工作的极具现实意义的讲座,当我全身心地投入时,顿觉它像极了我的第一份养料,我从老师娓娓道来的叙述中汲取养分,认识到了"工作就是在你的一生中从事一种你最欢喜的乐趣"的真谛。

而后的接触里,同济向我展示了自己,与我互动。无论是身处中德学院中观摩3D打印赛时惊叹的我,还是着迷于仔细巡看属于4.0工业实验室中以机器代替手工的完美机械化过程的我,亦或是走进同济生态园体会植物暖棚的农业与生态自然、用科学可持续性发展地创造生态人生的我……这些处在不同时间点、秉持着不同情感的我,曾无法想象竟有如此庞大的知识体系在我面前降临。如今的社会,包括如今同济"苗圃"对我们的要求里都毋庸置疑地存在一条:要做到学习的广博化,"用新眼光看待世界,用新科学创造世界。"这是关于同济的第二份养料,而我清楚地知道,眼下的我,有了为"苗"的成功蓄势待发的机会。

中芬中心是在我眼帘深处最美妙的佳地。入门的一刻便瞧见了一处巨大的电梯间,原本大概是用来运输巨大货物的,可是却被中芬中心的各位奇才改造成了一间温馨且人文的封闭"小房间"——满墙壁琳琅满目的照片,或是科研成果的展示,或是与外国友人或外企的合影,等等,充满了回忆的力量。而"小房间"最里部内嵌一款别致亮色的小型沙发,能供乘坐电梯的人们暂且做个小栖。这样一个倍感暖心的场景设计似乎正在向我道出同济所支持的生活方式："用心做,用心记录生活的点点滴滴,让生活的动力源源不断。"这第三份养料,从生活的角度授予我成长的力量。

人生有两条路,一条用心走,叫做梦想;一条用脚走,叫做现实。心走得太快,会迷路;脚走得太快,会摔倒;心走得太慢,会苍白了现实;脚走得太慢,梦不会高飞。大概是我的人生从此刻起做到了梦想与现实的结合,在被施了三份养料后的我终于快步走在正道上。

从"无苗"到"有苗"的过程里铺满的是艰辛,但我却视它如珍宝。即使是艰辛的经历却也同样拥有美好,所以无论是苗圃课题创新实验的进程,还是参与同济课程与讲座的经历,亦或是参观同济大学不同领域上的科研成果而后得到的心得与感悟,这些拥有美好的事物都能勇敢地发生,顺利地结束,我的"苗"自然而然地便探出了它的头。

未来里,我将会怀揣着饱满的热情浇灌我的苗,令它茁壮成长,我希望与它一起分享这几年的时光,以"苗"的成长捕捉同济"苗圃"里的点点萤火。期待微光与暖,伴行久远。

(原上海市曹杨第二中学学生　陈予嫣)

"苗圃"学生进同济活动

有梦想，有目标，真好！

进入高中以来，我一度对自己的目标十分迷茫，不知道自己想进哪所大学，也不知道自己的人生应该如何规划，更不清楚哪一种职业最适合自己。

一次不经意的机会，我了解到了同济大学的"苗圃计划"。因为同济大学长期以来给外界积极良好的影响，我也清楚这个计划的超前和优越，所以参加了同济大学的"苗圃计划"项目，希望可以通过这样一个平台提升自己。

初获这个机会时，我的内心还是感到渺茫的，我不知道这样的选择是否适合自己，我在这样一个"苗圃计划"中是否有风险，在淘汰制度的面前，我能胜过这么多人吗？我和我的不确定要通过必经的面试和筛选，让我不由感到紧张。幸好，一切都没有我想象中的那么紧张、苛刻。声音带着颤抖的我遇见了和蔼的教授后，慢慢平缓下来，我向他们介绍自己曾在学校的歌唱比赛中获得过名次，他们就让我唱一小段，没有任何想要为难、挑刺的样子，而是像家里的亲戚知道了我的小成就，想要一览我的才艺。我自然感到轻松，得以正常发挥。面试更像是聊天，在结束时，教授的一句简短而有力的"同济大学欢迎你！"让我倍受鼓舞。我所憧憬的，正是这样的一所大学，优秀、有自己的特色，教授平易近人、不以学历学识给人以距离感，学生也被容许有自己的想法见解、有相对的自由……自此，我的渺茫渐渐散去，一点点坚定了"我要考同济！"的想法，坚定了自己的选择。

很幸运，我进入了"同济班"，而在这样一个新的集体并不是事事如意、一帆风顺的，刚成立的第一学期第一场考试便开始了流动制度，接下来每次考试几乎都有伙伴会离开。我深知要留下来不易，要考进同济这样一所好大学更不易。同济给予我的机会——"苗圃计划"，必须好好抓住！

我原以为为了目标，我只能接触到学习、学习、还是学习。给人以惊喜的是，同济几个月便会组织我们去参观学习一次。

第一学期的期中考试之后,我们如愿以偿地到同济大学四平路校区一睹同济校园的风采。在同济老师的带领下,我们怀揣着兴奋与好奇走进了校区,首先映入眼帘的是一座毛泽东像,在询问了老师后,得知这座雕像是充分运用了工程学的原理,让它在屹立不倒的情况下能做到神情姿态都栩栩如生。我不经感叹,在同济这样一所以工科见长的大学里,一些看似细枝末节的地方竟然也蕴藏了科学的奥秘!

对于理工科的探索与投入,同济毫不吝啬,可称是科技发达。我的3D打印机的启蒙与了解就是从航天工程学院开始的,在这里我第一次目睹何为3D打印机,目睹它打印出来的成品。教授们向我们介绍了根据空气动力学原理设计出来的流线型飞机及其基本的飞行原理,面对我们这群知识储备还不够充足的学生,他十分热情地、耐心地回答我们的问题。

仅是一次参观,就感觉开拓了视野,发自内心地觉得同济的好,我的目标就是同济!在这条筑梦的路上,不仅仅需要对同济的了解,更需要付出实际的努力,去靠近、达成。所以在面对课题的问题时,我们简直是要拼了自己的小命。

绞尽脑汁的奇思妙想都被一一否定,热火朝天的讨论后得出的方案却无法实现,无数次的重新思考、修改、调整,最终成功选题的背后是我们付出的汗水与辛劳。我深刻记得,当时我的小组成员因为极其认真的态度和对有关材料细致入微的查询与了解,让指导老师连连称赞。我们欢呼雀跃,认为自己是幸运儿,如此快便有了方向。然而,并不是认真就等于可以把一个难有进展的课题完成的,在问题被发现后,定是要重起炉灶的。在经验颇丰的校长的分析下,我们被否决了。别人起初虽头脑风暴的课题大多都受到了老师的质疑,但在交流过后都很快重新制定了新的研究方向,并得到认可。而我们呢?先是被错误地肯定,再是被一口回绝,到底该怎么办?还有什么其他值得我们去探究、去创造的?我们围坐在一起,苦思冥想却久久没有想法,欲哭无泪,无可奈何。

"出去走走吧,会有灵感的!"老师鼓励道。我们沉默了许久才答复她:"嗯,好。"抱着希望,街上走走,超市逛逛,环球港兜兜,百安居看看……东张又西望,为了我们的课题,为了我们的同济梦,一定会想到的!黄昏来临,天气转凉,阴丝丝地让我开始发冷:"哎?你们说在衣物里加点电路之类可以供暖的东西怎么样?""这个好像可行!""快问问老师!"……终是功夫不负有心人,我们的想法得到了认同。于是开始了我们的课题——用走动发电等原理对鞋在冬天供暖的创新设计。

在接下来十天左右的时间里,我们就冬日供暖鞋的必要性与可行性进行了市场调查,联系了相关单位、公司,寻求技术上的支持。烈日下,我们四处走访,挥汗如雨;在电脑房,整天整日,大量地查询资料;更是频繁地出入老师办公室,反反复复讨论改进……在这个过程中,我们在自己的研究和努力下,学会了检索的方法、研究报告的撰写,小组中的成员也拉近了心灵的距离。

之后的几个月,我们常在周末抽空,跑去愿意提供帮助却远在南翔的公司,在专业人士的指导下,抉择适用原理、设计电路图、挑选材料、做实验、采取数据……现在,大致模型已经完成了,中期汇报也顺利渡过了,我又向同济迈进了一步!

同济是我的奋斗目标,也是我所在班级的奋斗目标。所以,考试后去同济的参观,对我来说,既是对身心的短暂放松,又是对自己的重整。高科技现代化的工业4.0实验室,让我们见识了更高一级的工业水平;为创新提供空间的风洞实验室,让我们了解到汽车设计要考虑并测试的诸多问题;低能环保的太阳能屋,随性自然……

同济的一切都是那么的有吸引力,在同济的学习与参观不仅仅是一次拓宽知识面和打开眼界的机会,更是让我不由自主地对未来产生种种憧憬,有一种走近同济的感觉。

我要感谢同济"苗圃计划"给了我目标,给了我机会,让我可以一点一点靠近同济;我也相信明年,我会成为这里的一份子。

(原上海市曹杨第二中学学生　史元嘉)

成为一名同济人,我自豪

感谢同济大学为我们组织的这次夏令营,让我提前感受所追求的大学生活,分享学长们的成长经验,使得"同济"成为更为真切的感受。我一直在标记着"同济"的学校中学习,听过许多同济大学教授精彩的专题报告和演讲,"同济"对我而言,是经历,更是情结。在"苗圃"班的成长过程中,尤其让我感受良多,我愿意与大家分享我的梦想、我的故事。

至今还清楚地记得"同济班"面试的那天,老师问我:"你为什么选择进入'同济班'?"是初中时便已在心中埋下了同济的种子么?是那些同济的科学家和教授的专业报告让我心驰神往么?是他们渊博的知识、严谨的态度让我心怀敬畏么?是从此对"同济"存下了愿景么?我知道,我的选择,源自我的渴望!

随后的一年半时间里,我在同济"苗圃"班学习、成长,心里早早地认定:我是同济人,我自豪我是同济人。

正如一株小苗,在"苗圃"中生长着自己的梦想。学习之余,我和伙伴们一起着手进行课题研究。那真是手忙脚乱的日子,得知课题开题是在10月上旬,十一长假我们精心准备了开题报告,满怀信心地提交上去,准备10月11日的开题答辩,10月7日课题却被驳回。那时,我们一组三人差一点崩溃,前期的心血立刻化作为乌有。只剩下4天的时间,怎么办?这时我们的科技老师及时帮我们调整思路,重新开始,踏踏实实从生活中去寻找课题,在任老师的指点下,我们从同学奶奶服用的中药中得到了灵感,重写课题报告,重做课题的PPT,最终课题被确立下来。可随后一连串更加琐碎繁重的任务摆在眼前,我们的课题偏向于生物,我们这群门外汉即使没日没夜地看论文、找资料,也是徒劳无功。来自同济大学第二附属中学的生物老师钱老师,在我们最困难的时候无私地帮助了我们。

我们确立了实验方案,完成了开题报告和PPT,时间已经是10号下午,一夜未眠,我们打磨着PPT,不断演练,努力弥补由于时间仓促而导致的不足之处。有趣的是,那一晚,我们越练越兴奋。我想,这大概是由于我们的满足感和自豪感吧。如今想来,初生牛犊不怕虎,一个劲地向前冲,就是我们作为同济人的真实写照。开题答辩完美收官,这让我们每个人自信满满。

课题的预期实验随着寒假的到来拉开了序幕。我们永远快乐出门,完美预想,但最后总会进度缓慢,困难重重。果然是应了那句——理想很丰满,现实很骨感。比如说,在预期实验中,我们需要配置草酸钠溶液,原本的设定是 $2mol/L$,然而当实际操作时,却意外发现这种钠盐的溶解度极小,根本达不到我们所需要的物质量浓度。即使依照网上所说的对溶液进行加热也依旧无法全部溶解,只得将浓度调至 $0.2mol/L$ 并水浴加热进行溶解。随之带来的麻烦就是实验中所有的数据都要随之进行相应的改变。再比如,对于琼脂胶的制备网上并没有详细的步骤说明,我们并不知道该如何制作琼脂胶。万分感激的是,我们的导师放弃了寒假休息来到学校帮助我们,这让我们能够咨询一些专业性的知识,为我们实验提供了极大的帮助。在实际操作中,才发现开题时对于实验步骤计划的许多不合理之处,在实践中我们又一一修正完善,这大概就是实践出真知吧。

我个人对于3D打印有着不小的兴趣。在同济,我们近距离地观摩了第一届同济大学工业4.0国际大学生3D打印机设计邀请赛。看着六边形的宝塔一层一层叠加起来,望着最后的成品,我们的内心是震撼的,这与看到网上的图片、视频都不同,毕竟这是我们亲眼见证它一点一点摞起来,把略有粗糙的材料通过3D打印机,最后变成为自己想要的比赛的成品。过程虽然有些漫长,但结果非常完美,唯一遗憾的是,我没能参与其中。现在我唯有认真努力地学习,将来把这些神奇的事变成不那么神奇,或者让它变得更加的神奇。

就这样,我们在"苗圃"班学习着、实践着、探索着,不仅求知,更在求真。我们觉得每进一步,就朝"同济"更进一步。一年半的时间里,我们多次来到同济大学的校园,参观各种"高科技"展览。国际范十足的风洞中心;高大上的中芬中心;书卷气息浓郁的图书馆;自然清新的生态园;精密高科的工业4.0实验室;有趣的3D打印……这一切的一切无不吸引着我们,让我向往,我们像鱼儿游进了大海,臣民步入了殿堂,畅游在科技的海洋,徜徉在知识的殿堂。我更加坚定了我的同济梦想,也更加坚信,我一定会成为真正的同济人!

(原上海市曹杨第二中学学生　王月婷)

中学生创新项目

"苗圃"是一个让我发光发热的电源

2013年9月,我有幸参加了学校"苗圃计划"选修课。对我来说,"苗圃"的第一印象就是:这是一个超前学习的课程,然后由教授来评估最终选拔人才。其实不然,经过一年的学习,我发现"苗圃计划"是以学生的自我兴趣为基础,在教授们的引导下,给我们中学生一个发现自我、展现自我的平台。同时,我在"苗圃计划"中找到了自己的兴趣与理想,那就是"生命科学"。这门新兴的学科,有着无穷多可能性的未知;这门神秘的学科,蕴含着无数令人神往的知识,又有着许多领域等着我去探索、翱翔。在近代,生命科学已经运用到各行各业,生物制药、生物工程,等等。在我看来,作为贯通各门理科的结晶——生命科学,在未来对于人类、对于社会的发展将作出不可磨灭的贡献。

刚进入高中的我被分入"苗圃"班。在每次的"苗圃"课程中,我都能收获许多新知识。依稀记得,第一堂课是有关遗传的讲座。虽然当时的我对于DNA和遗传现象等有一定的了解,但是仍然像是打开了新世界的大门。教授所讲的内容虽然深入,但是表述却平易近人,让人一听就能明白。Pcr链式反应、DNA的碱基序列、空间结构、山中因子,等等,这些都给我留下了深刻的印象。纳米技术,虽然我听了多次,但每一次都会有新的收获。无论是最新的纳米材料,还是纳米微粒所发现的新的特性,亦或是纳米技术应用到新的领域,总能让我大吃一惊。"自洁瓷砖的功效"这项作业也许是最让我记忆犹新的了。还有讲到克隆技术时,我和教授讨论到记忆复制的问题,教授的见解之妙让我听得酣畅淋漓。等我升到高二开始了正式的生物课程学习,以及参加了全国生物联赛的培训,再将高一时教授所讲的内容拿出来看看,也就一下子豁然开朗了许多。猛然感觉"生命科学"的大门离我并不遥远,而且越来越近。假期来到同济参观,接触到了许多先进的仪器,知道了这些仪器都是进口的,让我意识到国内的技术还有待发展,还需要我们这代人的努力。

高二上半学期的期末，终于到了我们自己动手做课题的时候。我找了另外4个志同道合的小伙伴，决定在"生命科学"领域建立课题。我们的课题很幸运地在初审时通过了，课题也在教授的建议下修改为植物的适应性研究，其中主要研究的是环境对植物的影响。我们的实验过程也确实如大部分的研究一样充满坎坷，现实与想象总会背离，而计划永远赶不上变化。实验初期，我们是用拟南芥这种模式植物作为实验对象。拟南芥作为十字花科植物，有生长周期短、适应能力强等优良的特点。我也经常听生物老师说拟南芥很"贱"，撒在哪里长在哪里，但真的当我们自己动手开始做的时候发现并不是这样。因为上海的天气状况不是很稳定，再加上可能一些微生物的干扰，使得拟南芥的生存能力大大下降，在3个月的时间里，生长缓慢，甚至有枯萎的可能。

经过我们与教授的讨论，我们慎重地决定更换实验对象。于是乎，我们选择了生存能力更强，播种更方便的绿豆作为实验对象。随着课题的深入和知识的提升，在课题的试验细节上也进行了微调，以保证实验的科学性。比如对于酸雨的模拟，不单单是氢离子浓度上相同，而是配置成分更加接近真实酸雨的溶液，而浇灌方式也改为喷淋式。记录实验数据、分析实验现象、绘制图像表格，在做课题的过程中，不仅锻炼了我的思考能力，也锻炼了我的动手能力。每天坚持观察记录，慢慢地，我感觉"生命科学"已经融入了我的生活。

在同济大学李珊老师的辅导下，我们亲手做了许多实验。可溶性多糖、叶绿素、丙二醛等物质的测量，让我对紫外分光光度计的操作也熟练了起来。同时我们也学会了一些植物的种植技巧和方法。李珊老师十分认真负责，同时又给了我们足够的自由度，在每周来同济之前，她总是帮我们准备好试验材料或资料。但当我们操作的时候，她又是完全放手让我们自己做，我们因此得到了充分的锻炼。

"苗圃"是一个让我发光发热的电源，更是让我成长的培养基地。感谢"苗圃计划"，感谢给予我教诲的教授、老师，感谢陪伴我、给我帮助的小伙伴，感谢那成长中的绿豆，也感谢我自己。

（原上海市向明中学学生　张雨睿）

"苗圃"让我的高中生活多了梦想的颜色

第一次听说"苗圃计划"这四个字的时候,我还暗自好笑:还把我们当稚气未脱的小学生来对待吗?但当亲身参与了进来,我发现我错了。这不是一场可以浅尝辄止的走秀,这是一场关乎梦想的奋斗;这不是一个无端浪费学习时间的计划,这是一个成长的平台;这不是一个轻松的游戏,这是一场真正的历练。

直到今天,我仍然记得报名参加"苗圃计划"的那个夜晚。我和另外两个组员面面相觑,一脸茫然。什么是课题?该怎么做课题?做什么样的课题?我们究竟有没有时间和能力去完成课题?一个又一个问题摆在了我们3个这10年来每天只知道按作息时间上学又放学的少年面前。我们在兴奋与迷茫中纠结,一道道霞光刺破天际而刹那间又被层层袭卷而来的浓雾所湮没。任务下来后,虽然我们都有各自不同的想法,但共同做好"苗圃计划"的愿望让我们求同存异,准备好一起面对接下来可能遇到的种种挑战。

我们选做的课题是"右转路口红绿灯设置"。完成这个课题的过程是既充实又苦涩的。在少得可怜的休息日中,我们奔波于交通局、交警支队、书店和市区各个路口,一方面抓紧时间恶补我们在课堂上学不到的专业知识,另一方面努力地观察和研究"问题路口"。我们走出了书本,走出了课堂,开始学习我们从未涉足的领域,看见了平时总被我们忽略的身边事物。一个更加清晰而真实的社会全景展现在我的面前,我第一次感觉自己是带着某种使命在做这件事情,开始以一个社会公民的身份参与到这个社会的运行中。此时此刻,我感觉到自己长大了。

正如冰心所说:"成功的花儿,人们总是惊羡她现时的明艳,然而当初她的芽儿,浸透了奋斗的泪泉,洒满了牺牲的血雨。"我们还未品尝到胜利的果实,但却早已品尝够了汗水的咸味。一连几小时顶着烈日在路口蹲守记录;

开题报告前在会议室做了整整两天的幻灯片，回家后又做到凌晨1点；耽误的课程我们只能用加倍的努力去弥补。面对学习和"苗圃计划"的双重压力，我们坚信的是：天道酬勤。同济大学校友雷志彬先生曾说："更丰富的经历比更好的物质条件更有意义。"辛勤的汗水意味着我们的未来具有更多的可能，我们今天所迈出的每一步都是在为未来奠基，能以此向青春致敬，我无怨无悔。

在这个过程中我也收获了颇多。"苗圃计划"开阔了我们的眼界，增加了知识面。一位又一位学识渊博、谈吐自如的同济大学教授来到我们面前，详细介绍了有关交通运输、机械能源、环境保护等多方面的内容，使我们接触到了一般高中生接触不到的知识，仿佛提前进入了大学课堂。这些教授们不仅展现了自身的风采，也让我们领略到了同济大学名校的魅力，更加坚定了自己的奋斗目标。就在不久前，我们有幸来到了同济大学参观建筑节。校园恬静而又充满朝气的气氛令人沉醉，而各所高校的大学生的精湛技艺更是令人叹为观止。虽然我们与他们相比还存在不小的差距，但我依稀看见了不远将来的自己。一路上，我们看到了时而优雅精致，时而气势恢宏的校园建筑，徜徉于溢着清香的荷花小池，目睹了大学生们充满趣味的学习生活，我甚至忍不住还跑到设施齐全的体育场上运动了一番。我暗暗对自己说："这就是我想要的校园生活。"而"苗圃计划"正是助我实现梦想的重要途径。

"苗圃计划"悄然改变了我的生活。在以往，课外的时间往往属于电脑游戏和无所事事。上课时也常常走神，心想反正有那么多课余时间可以来弥补。现在更多的课余时间用在了和组员一起讨论和研究课题，我不得不学会好好把握时间，不让一分一秒白白浪费。这时，我欣喜地发现，我的学习成绩也在稳定地提升。或许就像鲁迅先生所说："时间就像海绵里的水，只要愿挤，总是还有的。"如果没有压力，我们永远不知道自己的潜力有多大；如果没有压力，我们也没有办法先于他人破茧而出。

"苗圃计划"也改变了我为人处事的方式，从学习中的孤军奋战到研究课题的团队合作，我们需要与他人沟通交流，既要坚持自己正确的观点，同时又要摒弃以自我为中心的惯性思维。在参与整个"苗圃计划"过程中，社会各界也给予我们很多的关心和帮助，同济大学的教授们孜孜不倦，给我们的项目提供了很多宝贵意见；还有我们南充本地的交警们，当他们听说了我们的身份和目的后,是如此亲切而热情地向我们介绍相关情况;还有我们的老师和家长们在这个过程中一直无私地为我们提供帮助,默默关注整个活动的进展情况。如果我们是茁壮成长的幼苗,他们就是辛勤栽培的园丁,在他们的呵护下,我们逐渐成长。这大概正是"苗圃计划"的意义所在。

与"苗圃"有关的故事还有很多,可我更希望它是未完待续。我更希望在不久的将来,能漫步在同济校园中,细细咀嚼高中的"苗圃"故事,那其中有艰辛、有苦涩,更有成功的喜悦。我希望"苗圃计划"能为我的高中生活绣上一副天蓝色的边框,那是梦想的颜色。

(原四川省南充市高级中学学生 王韵熹)

中学生创新项目

感谢"济"遇

我的口才不是特别好,小时候母亲一度怀疑我有自闭症,难得我17岁还有这个机会向她证明我是一个身心健康的孩子。

我从小听见的大学无非是清华、北大、复旦、浙大。也许"同济"这个名字曾被提起,但也不过是一个不能让我长记于心的名字罢了。

多年前的一个暑期,空闲之余,家人硬要带我去宜宾一游。

起初我是不想去的,但母亲硬要拉上我,说他们已经和朋友约好,又不放心我一个人在家。父亲在一旁帮腔:"去吧,那有李庄古镇,素有'万里长江第一古镇'之称。"

好吧,去吧。

于是就一路颠簸到宜宾。

第一站,李庄。一路昏睡的我睁开惺忪的双眼,看到的是背山面水、飞阁流丹的魁星阁,明明形制那么不同,却立马想到了阆中的华光楼,我就知道,此行我是敷衍的。

我没有想到,接下来的,我真的没有想到。

和其他古镇古城一样,同样有悠悠小巷,青青石板路,攒动的人头。不同的,是去了东岳庙,去了南华宫,去了禹王宫,去了祖师殿……然后,看到了"同济大学工学院旧址""同济大学理学院旧址""同济大学本部旧址""同济大学医学院旧址"等字。

然后,看到苍苍古树上挂牌上的十六字电文:同大迁川,李庄欢迎,一切需要,地方供给。

然后,看到了耳熟能详的名字:童第周、傅斯年、林徽因、梁思成。

我今天依然想说:这一段被时光掩埋的实实在在的历史,在那么一个本该倦懒的午后,搅乱了一个生活中那么不起眼、那么平凡的孩子的心,以至于,甚至,坚定了她的情。

那一天,那么猝不及防地,我深深地记住了这个名字——同济大学!

那么坚定有力地,我心里镌刻下了同济精神——同舟共济、自强不息!

那么始料未及地,没有想到,有这样一天,我会把这样一个名字当作我奋斗的目标,当作我为之拼搏的理想,当作我梦寐以求的殿堂。

我知道,我要自强不息。

我得感谢这段"济"遇。

然后又是机缘,又是我和同济的机缘。

"苗圃计划"的出现。

"苗圃计划"应该对于不同的人有不同的意义。

对我来说,已经不单单是一次提升自我的机会,它更像一个窗口,让我有机会一窥"同济大学"这样一个让我紧张又神往的神圣之地,以偿去年那个午后在李庄心灵的颤动;让我有机会与尊敬的同济大学教授们面对面,聆听同济人的声音,畅谈心中所想;让我有机会走进同济校园,真正并深入这所世纪名校的人文历史,感受它的文化气息与学术氛围。

这样的真实,让我怦然心动。

我知道,我必须要自强不息,脚踏实地。

我得感谢这段"济"遇。

今年阳光下的三月,我在同济校园里漫步。

是我第一次踏入同济本部的校园。

我走了很久,走得很慢。

这里的路并不如我想象的宽阔,能够并排挤下两辆公交车,耳边时不时地有几响清脆的车铃声,身边有那么些沉静的行色匆匆的同济学子。天色暗下来,一切都在静谧中缓慢地流动,上海鲜明的城市气息被断然地隔绝在外,夜空下举起手的毛主席像已站立着跨越了世纪。走在这样不宽不窄的路上,是极安定又宁静的,似乎只要这样一步步稳稳地走下去,循着自然的秩序,心中就可以安然无畏一般。

一切都是那样新奇,对我有着致命的吸引力。

不经意中,我想起那次在我的校园——四川省南充高级中学,那一段演讲。

演讲者雷志彬先生,他是我艳羡的同济大学的毕业生,现在已经是成功的企业家了。雷先生作为同济人当然对同济、对同济人赞不绝口,但我印象最深刻的不是他的求学经历,而是他用一小段最直白的话对"同济精神"的解释——

"我们同济大学就业率高啊,为什么呢?这不仅是学术成绩的优势啊。同济的学生,会让人觉得,我把事情交给你,我很放心。"

我把事情交给你,很放心。

在李庄,我已经被同济的人文精神深深打动,而那天,雷志彬先生的这句话更如万钧之箭,不偏不倚地射入我的心湖激起千层浪。话语浅白,我们每个人都懂,却不是每个人都能做到。无论从事什么工作,无论薪水是高是低,我们每一个,都应该努力把自己嵌入庞大社会机器中,能够实现自身价值,让社会放心。

我知道,我必须要自强不息,脚踏实地,不骛虚名。

我得感谢这段"济"遇。

还是今年那个三月,我在同济。

校园里的绿意浸透了眼底,带来一点微凉的气息。我们走过那炮火年代留下的老宿舍,走过只剩一道门满是沧桑记忆的食堂,走过岁月积淀楼梯下陷的教学楼,走过让现代风格鲜明的礼堂和图书馆……

这真是一种不可复制的感受,在快要到17岁的年纪里,我把时光撕开一道缝隙,兴奋地探了头,窥视着同济20岁学长学姐的青春年华,这是最好的、井然有序的自由。

我也还记得志愿者学姐走在我们曲折的队伍前为我们介绍毛主席像的模样——

"我们学校的毛主席像和其他学校不一样。大家看,他的手是抬起来的。你们也知道,时间长了,这手臂就很容易断。结果就是,这么多年了,它也没断。"

我看到的是她们幽默的态度、自信的光环。在充满竞争的时代,比较从来就不稀奇,在学术成绩各有强势时,我想一个学校的人文底蕴就尤为重要,这样的大学的学生,需要被评估的也就越多,我们需要做的也就越多。

　　之后在一个教室里听了岳继光教授的报告,我发现不仅是这位教授,还有许许多多我认识他们,他们却不认识我的"同济人"都提到了"善思善问"这一点。通俗地说,也就是"我们欢迎你提问题,我们也鼓励你提问题,我们更需要你提问题。"

　　"能提问题"也是我希望在今后能拥有的特质之一,在我看来,一个有深度有意义的问题背后往往折射的是提问者的文学素养和探究精神,以及提问者本身的思想。我又一次加深了对这里的认识,我想,这样的精神也是"苗圃计划"要培养我们的核心吧。

　　写到这儿,那些同济面孔又浮现在我脑海里,袁捷教授对大学与中学教育差异的讲解仍历历在目,林忠平教授对专业和兴趣的强调掷地有声,刘晓东教授、朱彤教授、迟文铁教授……他们谈中学、谈大学、谈学习、谈生活、谈幸福,每一个人,每一个话题都让我受益匪浅。

　　我知道,我必须要自强不息,脚踏实地,不骛虚名。

　　我得感谢这段"济"遇。

　　我住长江头,君住长江尾,共饮长江水。

　　此水几时休,此情何时已,不负此"济"遇。

　　我希望,再过一年,我能亲眼看到同济樱花盛开的唯美景象,以同济学生的身份,千里之行,始于足下。

　　而现在,我感谢这段"济"遇,自强不息,脚踏实地,不骛虚名。

(原四川省南充高级中学学生　杨童骄)

在合作中前行

我的"苗圃"生活到底是怎样的呢？作为"苗圃计划"班的一份子，与同年级的其他班级的同学相比，我的学习生活有很大的不同吗？近两年的"苗圃"生活，我的收获又是什么呢？

带着以上的疑问，我仔细回顾了自己在高一、高二期间的学习生活，发现我的"苗圃"生活与其他班级同学生活的不同之处主要体现在苗圃班级特有的课题研究与实验，我们称之为"苗圃课题"。由于签约"苗圃计划"的苗圃班级学生都需要住校，所以接到"苗圃课题"后，我们课题组的成员很容易聚在一起开展课题讨论，或者进行课题实验。为了在繁重的学习之余保证课题的顺利进行，我们需要合理地安排课题时间，晚自习和课余往往成为我们课题讨论开展的首选。我们要经常放弃操场散步，放弃同学聊天，只为了将宝贵的时间留给"苗圃课题"。

"苗圃课题"的开展前期，我们这些课题组成员是好奇的、热情的。但随着时间的推移，随着课题难度的增加，组员们的好奇和热情很快被为难情绪所代替。由于都是新手，遇到研究难题，我们总是想退缩、放弃。另外，由于都缺乏经验，组员们面临分歧时常常因各执己见、互不相让而使研究被迫中断。记得在一项课题中关于产品尺寸的设定，组员们的争议很大，大家都坚持自己的想法，不肯"屈服"。由于无法说服彼此，组员们大吵了一架，在此过程中我们把以往生活中鸡毛蒜皮的事情都翻出来进行发泄。结果是这个课题被耽搁了很久，直到老师催促提醒我们才又重新开始。随着研究和实验的深入，课题接近了尾声。当课题产品从最初我们脑海里的一点概念到成为纸上的草图，从草图到电脑中的设计图，从设计图最终到3D打印机中"流淌"出的成型产品……巨大的成就感向我们袭来，那一瞬间我们觉得所有的努力和付出都值了！

"苗圃课题"的开展使我意识到坚持和合作的重要性。它就像我们正要放飞的风筝,风筝能否飞得高、飞得远,取决于制作到放飞环节所有参与人员的不断坚持和默契配合。只有大家全身心投入,通力合作,一次次地艰苦实验,风筝才能在我们的手中越飞越高。其实,风筝如此,"苗圃课题"如此,一切需要成功的事物亦是如此。当我们最初的热情被时间消融,当我们积极的情绪被慵懒所代替,我们是否需要提醒自己"坚持",坚持于自己的初心和方向?当我们因彼此不满而心生疑虑,当进展中的事物因争执而被迫中断,我们是否需要提醒自己"合作",在适当的让步中合作前行?

"苗圃课题"即将结束,心中的不舍难以言表。在此期间我所经历的点点滴滴,必将成为自己记忆长河中的一朵朵浪花,在阳光下闪耀出夺目的光彩。此刻,我想用《复仇者联盟2》中美国队长的那句话与大家分享:"我们所有的成就都源自我们的坚持和合作团队!"

(原同济大学第一附属中学学生　杨森森)

中学生创新项目

我与同济的"恋爱"

第一次真正开始了解同济大学,是因为我喜欢的一位革命诗人殷夫(又名白莽),他是同济大学的学生。在那个社会动荡的年代,他借犀利文笔,抒炽热情感,颂扬革命,追求理想,被鲁迅称之为"东方的微光,林中的响箭,是对于前驱者的爱的大纛,是对于摧残者的憎的丰碑……"在他不幸遇害之后,鲁迅悲愤地写下了《为了忘却的纪念》。

因为殷夫,我开始关注同济大学,关注这所理工科学子心中的神圣殿堂,传承流淌着人文血脉。"同心同德同舟楫,济人济事济天下",追溯百年同济的历史足迹,让我逐渐领悟到,百年同济人,虽历经坎坷,但精神永存的家国情怀。

我是一名普通的文科生,是那种在天安门广场看升旗会激动地落泪、在路边见人跌倒会毫不犹豫地伸手、在火车站宁愿排队三小时也绝不学别人插队的那种文科生。但背负着高考的压力,通常,我也是那种神游于汉唐盛世、穿梭在副热带高气压带、埋头于堆积如山的教辅试卷中的那种文科生。

在我的周围,有一大群志趣相投的小伙伴,十六七岁,正是"恰同学少年,激扬文字,指点江山"的年纪,一个小小的火种都会点燃青春的热情。记得一次主题班会,大家谈起内心的梦想、人生的挑战、曾经历过的困难。那一刻,我们都被自己感染了。我觉得世界仿佛在这一刻,突然向我展开。以前总是觉得世界就是我看到的那个样子,就是身边几个人,旁边几棵树,住着那所房子,接受父母、老师的教导。可是,当我跳出这个小小的环境,我发现世界这么广阔,有这么多拥有梦想的人,有这么多为了梦想坚持努力的人。16岁这年,我的世界从一个点展开成一个面,从一个面展开成一个巨大的物体,甚至变成了一个恢弘的宇宙。我突然觉得,我们现在的努力,或许将来会让这个世界变得有一点点不一样。

随着年龄的增长，我渐渐地形成了属于我自己的人生观、世界观、价值观。相信大家都听过这么一段话："为天地立心，为生民立命，为往圣继绝学，为万世开太平。"这是北宋理学家张载的一段名言，同时，也是我自己的座右铭。在我高一的人生规划的梦想一栏中，我填的是"世界和平与发展"，这样的字眼看着离我非常地遥远，不仅仅是我生活在一个和平的国家一个和平的年代，更是因为就算我知道世界还是有不稳定还有动荡，却依然很难去做些什么。

就在这个时候，一个珍贵的机会摆在我的眼前，这就是同济大学的"苗圃计划"。老师告诉我们，可以通过参与"苗圃计划"的学习性研究，去尝试着掌握一些探究式学习的方法论，去初步形成一些属于自己的观点并去求证，为他人提供哪怕只有一点点参考价值的建议，这个过程都是十分宝贵的。

对于一个中学生来说，还有什么能够比参与课题研究更能带来成就感并同时感受到神圣的使命感与责任感？我和我的小伙伴们热血澎湃了，经过与指导老师的沟通，我们把课题定在"对汉长安城遗址的历史文化的开发与展望"方面。因为西安是一座历史悠久、底蕴深厚的古都，研究历史是为了了解过去，指导现在的活动，使之更为理性化。在做课题探讨的过程中，我和我的小伙伴们认真、激昂，而又不失理性、谨慎，在我们的心目中，我们已经开始去做努力，让这个世界因为我们有一点点不同。

"同心同德同舟楫，济人济事济天下"，同济大学的"苗圃计划"，给了我一个把梦想与现实连接在一起的纽带，同时，也向我开启了同济人兼济天下人文情怀的一扇窗户。这让我对"同舟共济、自强不息"的校训有了更厚重的感知。

"爱情就是我喜欢的人正好喜欢我。"正如廖宗廷教授所说的，希望学生在进入大学前先和大学谈一场"恋爱"。我喜欢同济，所以我站在这里，并且期待着我爱慕的这所大学给我一个完美的答案。

(原陕西省西安中学　现同济大学人文学院　宁译萱)

同舟，共济

从去年12月到现在，我和队友GD先生一直致力于完成我们的"苗圃"项目——智能交通。

不过今天智能交通不是我表达的重点，大家只需知道，这是一个通过安装传感器收集数据从而控制红绿灯来改善交通的项目就好了。今天在这里，我想和大家谈谈同舟、共济。

细心的你也许会发现，我将这一个词分成了两个。没错，按照我粗鄙的见识来看，同舟和共济是两个阶段。因为我和我的搭档GD，着实体验过一把"独舟异济"的痛苦。多么奇怪的一个词，可用在我们身上，却尤为贴切。

我和GD是同班同学，平时私交甚笃，每日形影不离，做事情总有不谋而和之快乐，又同时参加"苗圃计划"，在一起做项目几乎是顺理成章的事。可就是这么顺理成章，却被无情地打破。

开题答辩以后，我们立刻就所有问题展开研究，很顺利。可当面对传感器的选择问题时，我们发生了第一次争吵，但噩梦刚刚开始。之后的矛盾如同雨后春笋般冒了出来，传感器的选择、具体装配的方式，这样的大问题暂且不谈，连几点去记录数据（我们去学校旁边的未央路凤城五路十字路口调研）、PPT几个字的修改都能成为问题，我们都变成了喋喋不休的人。一次，他问我对传感器安装有什么意见，我十分郁闷，因为我们还没有决定用那个传感器，他就想到试装了。于是我与他争锋相对，我对他不经过我同意就决定传感器表示愤慨，他则呵斥我不尊重他的劳动成果，我们再次不欢而散。

这只是问题的一个缩影，当争吵不断升级，次数不断增加。我累了，他也累了。好像我们兄弟二人买了一艘小舟，兴致勃勃地出海探险，可还没出海就因为划桨不在一个节拍，目标不在一个方向而原地打转。我们付出了努力，可总被对方否认，于是热忱之心冷却了，一切几乎要败给了时间。

不过还好命运之神没有将我们抛弃。转机发生在采访时。当时，受够了统一意见的我直接提出，放弃统一问题，自己问自己的，他也欣然同意。可出乎我们意料的是，没有任何混乱，大家自己解决了各自的问题，在交换问题和答案后，对彼此都大有裨益。我们似乎在合作之舟上发现了一个不二法门。

既然有效果，何不就此推广？曾经的我们试图将共同的小舟一分为二。但事实证明这一切都是无稽之谈。从那时开始，我们的合作进入了新的阶段，我把这称为"黄金时期"。

我们开始在每一个点上分工，GD擅长电路，好，电路就交给他。我擅长数据调查，他也放心地把这交给我做。而遇到我们都不懂的方面，没关系，一起去走访，去问询，最后一起决定，谁更高屋建瓴谁说了算。所以，在浪费了几个月的时间后，我们很快确定了几乎所有方案，只剩下制造模型。这一切的成功都是因为我们放弃了所谓民主的研究方式，民主的前提是参与民主的人足够理智，所以对于我们两个初出茅庐的毛头小子来说，与其为一个问题喋喋不休，不如放心大胆地把问题交给自己的队友。这是一次妥协，更是一场胜利，我们战胜了自己的唯我独尊，也消灭了分歧。

而在此时此刻，我想总结一下我们的经验，当然，在众多教授和优秀青年面前，这只不过是班门弄斧。可我确实收获了不少东西，至少，我对同舟共济有了自己的认识。

所谓"同舟"，可以是有形的，也可以是无形的。同一个小组，同一个团队，只要目标是一致的，就可以把它叫作"同舟"，没必要必须是同患难，方向相同、目的一致就足够，而"同舟"也是"共济"的前提。

可能"同舟"却不一定能"共济"。"共济"，关键在"济"。所谓"济"，是帮助，是关怀，更可以推广到合作的方方面面。歌德曾说："合群永远是一切善良思想的人的最高需要。"一个团队最终的成就和它的默契程度，与组员的关系密不可分，而我们，差点被自私给打败。

当代中国，所有人都在批评90后自私自利。我承认，我们很自私，但我们的自私和别人的不一样！不是夏洛克对安东尼的狭隘报复，也不是葛朗台对财物的敝帚自珍，更不是杨朱"拔一毛利天下而不为"的自私，是建立在对自我的认识上，当我们心里只有自己时，定然对自己自私，可当我们心里装着别人，装着团队，装着民族，装着天下时，自私的对象变了，自然有不一样的效果。对于我和GD，自私就是为了自己团队的项目，自私就是为了上同济。而当我们有能力时，心里装着的就是国家，是人民的幸福，到那时，自私也许是一种高尚的品质。大家都说西方人很自私，可当弗莱明先生发明青霉素时，他却用无私来造福人类，公开发表，放弃专利和荣誉利益，号召全人类科学家一同加入研制高产青霉素菌种的研究。也许，他的行为正是因为他的自私，不过他心里装的是全人类。

我自私，但我不避讳。也许，你觉得此时的我如此年少轻狂，可正当激情的年纪，就该自私一点，为自己的目标而努力。拉到现实中来讲，就是认真做课题，努力学习，考上同济。

最后，感谢同济大学，感谢"苗圃计划"给了我和GD这样一条开往同济的舟楫。我们会为了到达最终的目的而努力。而在座的高中同学们，你们不也和我一样与自己的伙伴有一艘大船吗？一起努力吧，既然有了同一艘舟，就应该共济着让它到达远方，加油！

感谢"苗圃计划"，让我知道合作的不易，也让我明白了自私也是一种优点。我定不辜负同济和家人的期望，在与GD的项目里同舟共济，不遗余力。

所谓"同舟"，目标一致也；所谓"共济"，相濡以沫也。同舟不易，共济更难。既然"苗圃"给了你我如此好的一个机会，可以同舟前行，那么排除万难，共济吧！望吾与子能共勉！

（原陕西省西安中学学生　张冉昊）

"苗圃"的春夏秋冬都是成长

"苗圃"就是种植幼苗的园地,每一株幼苗就像现在的我们,在这个独特的家园里汲取着雨露和阳光,向着蔚蓝的天空生长。这种感觉就像是小学时写的作文,把一个故事分成春夏秋冬四季,每一季有每一季的特色,也有每一季包涵的特殊感情。现在我在"苗圃计划"中也好似经历了四季,有春的雄心勃勃、夏的枝繁叶茂、秋的力不从心、冬的漫长等待,而我也想用这种小学的方法讲讲中学的故事,希冀大学的到来。

春天永远是烂漫的,也是最有活力的,生命的乐章也在温馨的阳光化开冻土之际奏出第一个音符。就像一年前的我们,第一次接触到"苗圃计划"就感到前方迷茫的雾被一位提着油灯的老人照亮,也就在那个时候有了向同济大学努力的动力。因为在"苗圃"中我感到了我的同学们的创新意识在被不断地激发出来。每一位老师的大学课程就像是在我们耳边不停鸣响的钟声,仿佛在说:"是该醒醒的时候了,不要再那么死板,换个角度看看世界是完全不一样的。"就在这种头脑风暴中,一颗小小的种子,抽出自己的芽,想要突破这黑暗的土壤,去阳光的空气中看看。春天的蒙蒙细雨总是那么的温润,将那些小小的芽洗去集聚的尘埃,同时芽儿也在雨水中成长,看到一个不一样的天空。而我们的研究性活动也在学习中开始了,从最初的分组到像蚕宝宝般一点点制定方案,每一次的活动都真真切切地帮助我们不断前行。

夏天,骄阳是它独一无二的标志。就像研究性学习中的我们,充满着刨根问底的斗志。在组员间不断的争论和质疑中,研究性学习如火如荼地进行。在我的印象里确定课题和分工是最有意思的一次活动:我们希望确定一个可行性高、科学性强但易于我们调查的课题。但世界上没有一件事是完美的,当然也没有一个课题会简单且科学。所以在那个咖啡厅里,我们小组列出课题,然后开始逐一排除不合理的课题。我依然清晰地记得我写得发痛的双手和满满一堆课题的草稿纸。然后,事情在组员的脑洞大开中变得一发不可收拾。我们像面对仇人般争吵得面红耳赤，同时结果也不理想，我们排除了所有的课题。因为一旦有一个课题被提出，剩下的人总会竭尽全力去攻击他，活力也让整个研究性学习的过程充满乐趣。

我从小就不喜欢秋天，我见不到果园或田野，也就体会不到那种丰收的喜悦。所以秋对我来说只是那路边的法国梧桐落下了暗黄的叶子，也就意味着凄凉和凋零。研究性学习中也会遇到斗志丧尽的那一刻。在好不容易确定课题后，我们小组在一个重要数据的处理上产生了巨大的分歧，甚至彼此之间都在责备，为什么当初要同意这个愚蠢的课题，这个课题还怎么做下去？所以在一片失落中课题停滞了足足几个月，小组似乎也分崩离析，像那片马上就要被分解的梧桐叶。那一刻灰暗笼罩着全身，没有组员的支持，我也像一台没了油的马达，只想停下来歇歇。然而事情总得解决，紧闭的门旁边永远会是开着的窗。

或许有些不合适，但我还是想用冬天去比喻小组的再度团结。我已经不记得是谁提出了合理的解决方案，但这是唯一一次，获得了小组的全票通过。就像同济大学的指导老师教我们的那般，换个角度看看，世界是完全不一样的。所以又一次，小组像一台高效的机器在运转。尽管时间浪费了许多，但只要有动力，前行就会有目标，目标也就会在不远的前方。我现在知道冬天的特点了，就如同雪莱说的："冬天到了，春天还会远吗？"经过冬藏，种子会再发芽。我们经过了冬天，在"苗圃计划"中继续成长。项目尽管漏洞很多，尽管还有一大堆麻烦的事要处理，但只要这个组还是一个整体，没有什么能阻挡我们前进的步伐。

新一轮的四季将重新开始，也就意味着新一轮生长的开始，而四季的故事就是我的"苗圃计划"故事，每一个故事似乎是平淡无奇的，但在我看来，每一个故事都是具有意义的，有些甚至可以说是荡气回肠般的史诗，在这片园地中我真正地感受到了前所未有的活力和创造力。

我想，"苗圃计划"是一个成功的平台，而我们这些小苗也将以困难作为发展的土壤，以蔚蓝的天空为目标，不断成长，总有一天，苗儿将变得强壮，成为真正的顶梁柱。

（原浙江省湖州市第二中学学生　钱宇盛）

幼苗定能日日长

　　普通自行车的时速是10km/h左右,家庭小轿车的时速大约在40~160km/h之间,高铁的时速可达300km/h,日新月异的交通工具让我们的生活半径越来越宽,视野也越来越广。水路、陆路、公路、环岛、隧道、高架桥,五花八门的交通基础设施架设了纷繁复杂的交通网络,于是,我们就心甘情愿地成为"网中人",享受着现代交通事业带给我们的美好城市生活。

　　如果不是有幸成为同济大学"苗圃计划"教学班的一员,我可能就只是作为现代交通事业的受用者之一,"想当然"并且理所应当地享受着。直到2013年11月15日下午聆听了同济大学教授的第一堂课,在博士生导师杨东援教授的启发下,对交通运输行业有了全新的认识。

　　那个下午杨教授以一堂"挑战与责任——城市交通路在何方"的精彩讲座吸引了我。他用幽默生动的语言、直观的描述介绍了交通运输和人居之间的关系,开阔了每位学员的视野。对我而言,这更是一堂受益匪浅的启蒙课。我的脑海中出现了各种交通工具行驶在道路上,一会儿拥堵,一会儿畅行的情景。其实,交通问题与我们息息相关。放眼当下,随着我国城市化进程的不断加快,交通拥堵问题越来越严重,解决交通拥堵的问题也变得越来越重要。身为城市中的一员,除了享受其中的快捷与便利,更有义务让交通变得既畅通又环保,实现可持续发展。正如杨教授所说,交通运输是一项十分奇妙的专业,在这个舞台上,我们可以尽情发挥自己的聪明才智,用自己的Idea,创造一个更美好的生活、更美好的世界。

　　随着"苗圃计划"班教学的逐层铺开,我对交通事业的了解逐步深入,亦越来越感兴趣。那一天,杨晓光教授的"交通设计与创意——高品质交通系统之基础"课程,让我真正体会到了Idea的重要性。课堂上,杨教授用自己的亲身经历为我们讲述了他如何设计厦门一个环岛的方案,它不仅缓解了交通拥堵的现象,而且节省了原本要建高架桥的千万元费用。此外,杨晓光教授还和我们分享了国外交通运输领域的成就,如将拥堵的公路改造为步行街以鼓励大家步行出行、美国纽约的公共交通系统、通过计算机模拟实验来测试方案的可行性,等等,使我们领略了创新思维的魅力和交通运输事业多彩的未来,亦深感我国在这方面的路途任重而道远。

　　回味两个讲座,我深刻体会到聪明才智的力量是无穷的,如果说杨东援教授告诉了我们发挥才智的大舞台,那么杨晓光教授则让我们知道在这个舞台上,我们潜力无穷!

　　于是,怀着对交通运输的热情,我积极参加课题研究的小组活动,深入探究我们湖州市凤凰环岛存在的问题,希望凭借小组的团结协作和大家的聪明才智,设计出一个好的解决方案。

　　在调查问卷过程中,湖州市民对环岛方案的看法出乎大家所料。问卷结果表明,半数市民认为现在的环岛虽然设计了一套有序有条理的方案,但是结构繁琐难懂,而且治标不治本,再加上市民素质有待提高等问题,在实际生活中,不按规则行驶的现象时有发生。这样,本来煞费苦心的设计反而加重了拥堵问题。

　　这个调查结果发人深省,也让我重新定义了什么是好的点子:一个好的方案,不但需要智慧的头脑,还必须简单易懂,并且考虑多种因素,从根本上解决问题。现在的凤凰环岛明显是没有深入体察民情将问题更加复杂化了,因此解决交通拥堵问题,并不是制定一个简单的方案那么简单,交通运输专业也不是一项简单的局限于交通领域的专业,空有一颗热忱的心是没用的,它必须综合考虑各个方面,结合人的心理、社会的现状等,并在多次实践之后才能解决问题。

　　有了这次问卷调查的经历,我更加谨慎地参加各种工作,争取将预期目标完成得更好。参与活动并没有影响平时的学习,反而锻炼了自己,这也是投入"苗圃计划"班学习的启发。在平时的学习中,我也尽自己所能将学习、工作、班级建设等做得更加出色。

　　将近两年的"苗圃计划"生涯,我学到的不仅仅是交通运输方面的知识,也不仅仅是为了可以有朝一日能到同济大学深造。"苗圃计划"让我有机会与温文尔雅、造诣深厚的教授们接触,受其感染,在收获知识的同时,更收获了丰富的人生启迪,充分活跃了思维,拓宽了视野,也增强了自己的实力。

　　每次想到"苗圃计划"就会联想到那句"小荷才露尖尖角"的诗,也许,我还算不上一株崭露头角的幼苗,但我明白只接受阳光雨露的浇灌,却不迎接历练的幼苗是永远没有那样的机遇的。很庆幸自己可以在高中学习中,提前接触到更高等的教育、更前沿的思想,相信有了这些经历与收获,我将继续坚持我的理想,继续积极地参加"苗圃计划"的各项活动,珍惜今后更多宝贵的学习机会,在这个大舞台上,充分地展示自己的才能!

(原浙江省湖州市第二中学学生　沈乐尧)

教授进中学谈"交通拥堵"问题

找到了更适合自己的专业方向

第一次知道同济大学是在10年前,经过上海同济医院即同济大学附属同济医院,听说这是一所综合性三级甲等医院,是非常好的医院;也听说同济大学是历史悠久、享有盛誉的中国著名高等学府,是国家"211工程""985工程"重点建设高校,是非常好的学校。小时候的我特别想当医生,一袭白大褂,一支蓝色签字笔,甚至是被许多人厌恶的消毒水味,都是我所梦寐以求的。那个时候我最大的目标就是考上同济大学医学系。可是同济大学是一所那么优秀的大学,它的分数线对一个来自普通小镇的我是那么的遥远。

仿佛许多事情冥冥之中自有约定。高一的时候我被幸运地选在了"苗圃计划"的培养对象名单里,和几个同学一起感受同济大学教授们的精彩讲课。从一开始我就特别喜欢"苗圃计划"这个名称,看到它就会想起陶渊明笔下的"春起之苗",那是希望,是春风十里不见其增却日有所长的绿意。

我的学校浙江省湖州市练市中学,是在湖州市的一个小角上,每次听课都必须要赶到浙江省湖州市第二中学,周五的下午又是交通最拥堵的时候,来回至少要两个小时,还没算上打车的时间。回到学校时只剩下几个保安和满桌的讲义,有些同学因此而选择了退出。也许我和他们的不同就在于此,他们的退出更坚定了我要在这里呆下去的信念,我不希望同济大学对我来说只是一个小时候美好的梦。有时候进与退只在一念之间,可一旦放弃我就再也没有继续的机会,所以我不愿轻言离开。

在诸多教授的带领下,我对交通开始有了一点点认识,也对同济有了更深的了解,知道交通不只是一条路、几辆车的事情,知道同济除了医学外还有更多国家一流的学科。教授讲得很投入,让本来对交通几乎一无所知且一点儿也不感兴趣的我渐渐地关注交通,甚至开始了关于交通的研究性学习。今年4月,同济大学来湖州面试"苗圃"学员。不得不承认,面试那天我很紧张,因为这是我第一次参加大学面试,我不知道教授会问些什么问题,也不知道怎样才能清晰明了地表达自己的观点。我被安排在最后一组的第一个,一开始自我介绍的时候,我的声音几乎是颤抖的,尽管心里一直在告诉自己不要紧张,却没有起到任何作用。庆幸的是教授们都很和蔼,他们一直微笑着听我把话说完,温和地对我说:"不要紧张。"紧张当然还是有的,可是听到他们这句话我就感觉力量倍增,之后说的话也更严密而平静了。这次面试又淘汰了一部分和我并肩作战的同学,幸运留下来的我更加深刻地认识到了竞争的激烈。在我的高中,能被选入"苗圃计划"意味着你是学校里的佼佼者,所以就会有很多人羡慕你,甚至是崇拜你。的确,我总是庆幸自己能够被选入"苗圃计划",庆幸自己能够在高中就听到重点大学教授的讲课,也庆幸在之前的淘汰赛中没有出局,但我从未觉得自己的经历是侥幸,因为一切都是冥冥中的注定,也是努力后的必定。

感谢同济大学让我意识到,只有一个不断创新的思维,才能不断地选择与被选择,只有一个不断拼搏前进的人,才有资格选择与被选择。我只有不断奋勇向前,才能不落后,不被淘汰。10多年的学习,让我渐渐找到了自己的优势所在,我开始把儿时的医生梦沉淀在心里,去追逐更适合我的学科——材料科学与工程。在世界不断走向绿色化的今天,材料系的前景也似乎越来越明朗。而我在化学老师潜移默化地指引下,对材料产生了浓厚的兴趣,也渐渐展现出了这方面的优势。以前我的目标是同济大学医学院,而现在的目标是同济大学材料科学与工程学院,唯一不变的就是同济大学,也许这是一种缘分。

有人说"梦想的实现其实只是人生中很短暂的一个辉煌的瞬间而已,重要的是在追梦的过程中,你已经知道了你想要的是怎样的人生。"我想"苗圃计划"对我而言的神奇之处就在于它让我提前体验了大学,它让我清楚地看见了竞争,它让我在忙碌而枯燥的学习中体验实践与创造的乐趣。我感谢同济大学,感谢"苗圃计划",感谢每个老师,感谢我自己。我希望终有一天,我能以一个同济学子的身份踏入这片土地,回忆我的高中、我的"苗圃计划"。

(原浙江省湖州市练市中学学生　孙思晨)

"苗圃"是我成长路上一块重要的基石

在我为数不多的世界体验之中,我常常会在一种很大的东西面前产生某种不可描摹的情感。它像是一缕薄雾,又像是时常光顾我的亲爱的友人,日复一日地在我的脑海中敲出空寂的回响。

后来我常常又尝试追寻这情感的确切形态,最终发现这大概是一种对于这种很大的东西的不可言说的温爱。这种大的东西充斥在世界上的各个角落,如同一泓流动的泉,不经意就从一些事、一些物之中滑落出来。我有幸见过大东西很多次,诗人的书页、作家的笔尖、老师的话语,与科学家一道道宛如亘古恒存的目光,常常是它偏爱依存的地方。

我一直很喜欢这些大的东西,尤其在瞥见过它的身影之后,觉得在这大东西之上,往往担负着人类的未来走向。而承担这些大东西的人,也像一道光,一道缄默着、却无限传递的光芒。

所以在报名"苗圃计划"之前,我几乎是犹豫了十万回。大东西很大,也正因如此担负起它的人需要承担无比的重量。单单凭借我十几年的阅历,我并不知道我是否能以执着的兴趣与未成熟的想法,像那些卓越的身姿一样完成些什么。

然而或许所有的未成熟与成熟之间都势必有一条路途,我们畏惧它,我们厌烦它,我们企图躲避它,但我们只有踏上它,咽下一点点的体验、一点点的苦痛、一点点的进步与一点点的失去,才能慢慢走向更成熟的前途。

给我留下至深印象的事情,就是在报选课题的时候。这是我尝试接触大东西边角的一个开始。和小组成员的每一次探讨与交流都循序渐进,然而我们在开始报选课题时遇到了问题。就像是面对这个世界一样,纷繁的选择与无限的未知像一团乱麻缠绕住我们的双目,选择,只有选择,才会让人产生如此深刻的手足无措之感。种种选择的排列组合所层层掩盖住的是不可探知与弥足想象的可能,我有足够的想象力可以指出,这一条没准通向失败,而这一条没准通向成功。

我们小组陷入了一种沉默的焦灼,勾画得纷乱的课题躺在桌上与我们面面相觑。面对我们不熟识却企图熟识的领域,面对我们感到棘手却一定要解决的问题,宏大的思索笼罩着我们。在这样的情况下,每个人都开始清醒而冷静地陈述自己的想法,聆听他们在看不到的四维空间中碰撞、融合、燃烧。这像是我没有关注过的方法诞生的过程,一步步地从百废待兴走到柳暗花明。

没有东西是一开始就完好地放在地上等待你检阅的,也没有人是一生下来就会跑的。这就像是宏大的宇宙诞生之初,也是这样一团搁置的混沌。我们需要勇敢,勇敢地踏出脚步,勇敢地说出属于自己的想法。人是一定要有想法的,虽然它也许还不实际,也许还模棱两可,也许自说出、掉落、站立于地的时候,它就是个稚嫩且不成形的胚胎样子。但我们只有一次次地想,一次次地说出,在思索、修改、再思索的战壕里匍匐前进,才能拥有让自己的想法站立起来的日子。

我就这样想着,义无反顾地与他们踏上研究口罩的课题路上了。所有的缥缈可能坍塌重建成一种既定的事实,这次我们却没有一个人感到踟蹰。

所有的日子都还是以一样的速度在奔驰,学习与课余的生活仍忙碌得像是从疾驰的车窗里瞥见的外面一掠而过的花树,但我们所看到的与其他同学比起来,却已是迥然不同的风景了。我们在闲暇时间中笃定地进行着规划制定好的研究,从中汲取着不曾知晓的新知识。我看到他们,他们拿出自己的白天与黑夜,慢慢塑造倾注成一篇完善的研究报告;我看到他们,他们行走在宽阔的网络与明亮的大街,足迹与脚步串连成几抹精准的数据。我看到他们,我看到所有奔跑在人世间的认真眉目;我看到他们,突然开始相信这世上没有我们做不到的事情。

电视剧中初学忍者的悟道只需要一集的三分之一时间,我却一直认为,现实生活中我们的一点小小改变,都需要一百到一百万个事件。"苗圃计划"是我成长道路上一块重要的基石,透过它的窗口,我瞥见了不曾见过的景象。我开心,并十分感激。

对于大东西的温爱指引着我,必须认真而笃定地坚持自己的道路。这也是为什么,我对于这种体验好奇,并执着追寻。我们的课题尚没有完成,我们的道路还没有走完。我想在之后的依旧充满不可探知与弥足想象的选择之中,我们大概依旧会手足无措,会无比踟蹰,会在棘手的问题面前被焦灼束缚了冷静。

但我们依旧会一点点地向前,去努力寻求解决,去追寻那些隐秘在人世间的大的东西。

因为曾经在黑暗中看见过光,就会一直追寻光。

(原中央民族大学附属中学　现同济大学材料科学与工程学院学生　董岚宇)

中学生创新项目答辩会

"苗圃"是一个精彩的舞台

感谢同济大学给我这样一个机会,让我能够讲述我的"苗圃故事"。首先,请允许我代表口罩项目组的同学向"苗圃"的指导教师表示感谢,感谢老师在百忙之中抽出时间从上海来到北京,向我们宣讲"苗圃计划"的内容。同时也感谢老师提出的建议并帮助我们修改开题报告。在这里,我代表全体中央民族大学附属中学的同学向各位来到附中的老师说一句:您辛苦了。

如果说每个人都是一棵树的话,那么高中时代的我们便是一株株幼苗,需要从大地中汲取营养。很幸运,我可以扎根到同济大学"苗圃计划"这片土地上。在这里,我可以付出汗水,收获成长,同时体味这过程中的酸甜苦辣。

陈寅恪先生曾经题词:"独立之精神,自由之思想。""苗圃计划"就是一个平台,让我们有机会去追求自己的思想的自由,并且可以把自己自由的思想融入到每一个项目的创造中去。在这里,没有标准答案的禁锢,没有传统观念的拘束,有的是一次又一次思维的碰撞、灵魂的交融。在这里我们不断更新自己,让思想更加丰满充实。

参加"苗圃计划"后,我的成长不仅仅在于思维的提升,还有性格的塑造、团队意识的培养、领导才能的训练。从开题报告的填写到创新想法的提出,我们小组的每一个人都付出了汗水,投入了思考。老师,您还记得吗?那一次您来指导我们开题报告的填写,您说过我们所做的每一项研究都要以生活为基础,从生活中来,到生活中去。"口罩"项目的最初灵感就是源于您这样一句话。项目组的同学们,你们还记得吗?还记得我们写过的一张张的实验设计单和我们每一次的无异于辩论赛一样的讨论会。同学们,你们还记得吗?还记得阳光未透的清晨的教室,沙沙绘制设计图的声音和敲击键盘的声音。我还记得那次意见不合的争吵,我仍旧记得老师夸奖我们项目时的喜悦,我也许永远不会忘记"和"字碑下戴着口罩的长长的影子。也许你们都忘了,但我忘不掉，因为那是属于我的独一无二的"苗圃计划"。

我享受着"苗圃计划"，因为在这个过程中，不单单只是项目的设计，更是让我体会到同济人严密、细谨的思维。每一次的讲座上，不同的教授带给我们的都是全新的领域，有的关于科技，有的涉及人文。在那一次关于金属的讲座上，老师从古代金属历史讲到现代金属应用，并预测了金属未来的发展，讲解条理清晰、生动有序。他向我们介绍记忆合金的应用，有好多是我之前完全没有接触过的。他常常举一些实例，使难懂的专业道理变得简单。老师，您还记得吗？在那次的讲座上，我回答对了一个您提的问题，您赠给了我一个U盘，奖品有价，可它承载的那份鼓励无价，我在U盘里存下了我们每一张设计图，每一份文档和PPT，它属于我，属于口罩项目小组，属于独一无二的"苗圃计划"。讲座渗透着在座的每一位同学。两节课的讲座，我非但没有一点疲倦，反而觉得这是一种享受，是一种灵魂的洗礼。

上一次，我来到上海，站在同济大学的门前，妈妈对我说了这样一句话："我希望有一天可以送你进入这个大门。"她知道，我一直以来的梦想便是能够在大学里天天呼吸同济的空气，这也是我报名"苗圃计划"的原因之一。参加活动的过程，我感到自己向着梦想又迈进了一步，仿佛伸手就可以触碰得到；但它又那么远，恍若黎明的星辰。我暗自里一次又一次地告诉自己，努力才配得上梦想。

我曾经问过一位学长，同济的精神是什么，他想了想，答道："同济精神是始终带着一份属于它自己的'脚踏实地'。不随意张扬的性格，一丝不苟地做事，兢兢业业地工作，或许这才是同济精神的真正体现。"

这便是同济人心灵的重量，也是同济大学吸引我和无数学子的地方。

"苗圃计划"，收获成长的平台。我，在行动。

同济大学，梦想起航的地方。我，在路上。

(原中央民族大学附属中学学生　吕文旗)

薪火相传盼苗成：
校友之声

导语：同济校友是同济大学十分宝贵的财富，也是实施"苗圃计划"一支潜在的、不可或缺的重要力量。校友们积极参与"苗圃计划"，不仅在培养方案制订、方案实施、条件创造、学生专业兴趣引导、学科特长培养、学涯和生涯规划、人格养成等方面均起着重要作用，而且有利于促进"苗圃计划"的宣传效果，扩大其社会影响力，还可以为"苗圃计划"发展、苗圃学生培养与成长提供源源不断的社会资源，从而有助于构建"苗圃计划"完善的人才培养体系。

校友资源助力"苗圃"成长

实现人才培养与校友资源的有效对接,必须进一步细化培养方案、打通育人环节,重点从招生选苗、辅助培养、就业及二次培养、创业创新四个方面出发,建立起基于校友与学校联动的人才培养体系。

一、校友资源对人才培养的重要意义

当前,有些高校的人才培养与课程教育体系尚停留在通识理论阶段,就业生涯辅导内容不够系统和深入,造成人才培养理论与实践严重脱节,"知行合一"难以真正落地生根。另外,社会实践资源稀缺,且缺乏稳定的校企合作平台与社会实践基地,导致创新创业项目浮于形式。再者,校友资源的利用只重"面子"不重"里子",难以真正融入人才培养实践环节的方方面面。校友本身就是生动的教育资源,稳定、和谐、持久的校友工作能帮助学校借助校友的力量全面推动学校的发展,促进高校发展、校友成长和学生成才的"多赢"。让人才培养与校友资源开发实现全方位接轨,一方面能够让学生从实践中"下得苦功夫,求得真学问",另一方面也有利于深化创业理论、拓展第二课堂,提高大学生就业创新的综合素质。如高校积极与校友所在的企业建立产学研合作关系,允许校友在母校设立自己企业的研发中心,借助高校的科研资源促进企业的技术革新,为校友的企业开展多层次的人才培训和企业员工的"再培养"。而校友对学校各项教育事业开展的无偿捐助、积极参与在校学生的各项活动、体会当下学生的成长,如通过进行"校友寻访""校友讲坛"等形式,让当下的学生走进校友,在校友和学生的座谈、采访和访谈中,以便学生了解专业发展,加强学生在大学期间的职业规划等,也有助于学生在和校友的互动交流中,更深层次地促进成长。

同时,校友既受到母校的系统教育,又有多年的社会实践经验,也有与其他高校毕业生合作共事的机会,最能直接感受和亲身体验出母校在教学和教育方面存在的优缺点,因而可以对母校的教育教学改革提出更好的意见和建议。高校可以通过各行各业的校友,了解国内外的教学及科研动态、最先进的科学技术等各方面的信息;通过校友广泛听取社会各界对学校办学思想、人才培养、科学研究以及学校的发展战略等方面的宝贵意见和建议;通过校友加强学校与社会各界的多方面合作,为学校的教育教学改革提供信息和帮助。

二、校友资源开发在高校人才培养全过程中的实践探索

实施"苗圃计划",为学校招生选苗

多年来,教育主管部门一直倡导在基础教育中开展素质教育,引导学生独立思考,加强创新意识、创新精神和创新能力培养。各地的中学对此也给予了积极的响应,制订方案、投入资金、落实措施、购买设备、建立实验室。但是,由于最具根本性的高考选拔制度没有改变,同时还存在中学师资配备在知识结构上的局限性等多方面原因,使得中学实施素质教育的效果并不理想。

同济大学实施"苗圃计划"的主旨,是要真正实现大学培养与基础教育的有效贯通和衔接,充分激发和引导学生的兴趣、特长和潜质。对于确有潜力的"苗子",在制度上给予招生政策的较大优惠和倾斜,使他们能够从沉重的应试负担中部分地解脱出来,有时间和精力提早参与到创新思维和创新实践的系统训练中来。"苗圃计划"的实施分为三个阶段:第一阶段以兴趣引导为目标,主要面向高一学生,结合高中既有的素质教育开展,通过教授和杰出校友进中学举行学科(专业)讲座等形式,在广泛层面上传播科学与工程的相关知识,培育专业兴趣;第二阶段以能力与人格养成的培养为目标,面向小范围

的高二学生,学生经由大学与中学共同商定的程序和办法自愿报名、共同选拔后,组成兴趣小组或创新小班,以不占用高中基础课程教学时间为前提,合理利用中学原课表中拓展课程和研究型课程的时间,外加少量的课外时间,引导学生开展创新型小课题研究,参加各种学科竞赛创新活动等;第三阶段则以"选苗"和部分大学课程的提前植入为特征,有了第二阶段参与各类创新训练、创新活动的基础,高二年级结束时,按照双向选择原则,对有关学生进行自主招生选拔,确定真正成为"同济苗子"的学生名单,享受同济大学的自主招生优惠政策。

这些学生进入高三以后,由于进入同济大学的高考分数要求降低了,学生应试的压力大大减小,时间也相对充裕。这样,同学们就可以有针对性地提前选修一些由同济大学安排的大学基础课,甚至一些学科基础课和概论课等。在安排教授到中学上课和指导项目过程中,还给予教授一定的权利,如果学生对该学科兴趣浓厚、具有相应的素养、愿意跟随这位教授学习,教授也愿意收其为徒,那么,这个学生进到同济以后,就可以继续跟着这个教授开展学习和研究。经由"苗圃计划"选拔进入到同济大学的学生,学校均承认中学阶段相关培养环节的学分,可优先进入各类人才培养模式创新实验区或拔尖学生培养计划,并对接本-硕-博贯通培养模式等。

结合即将全面实施的新高考制度,拟在"苗圃计划"实践经验方法的基础上,近期推动在四川实施"新苗圃计划"试验。"新苗圃计划"针对四川社会经济发展对专业人才的需求,结合我校交通规划、公路、铁路、机场、轨道交通、磁悬浮、桥隧、地质、土木工程等优势学科,把同济大学的人才培养和地方社会经济发展的需求紧密地结合起来。同时,对同济大学优势学科的进一步发展、高峰高原学科的建设(大交通学院)注入新的活力,做出有益贡献。"新苗圃计划"的实施将进一步探索人才培养新模式,使同济大学的招生工作、人才培养能走在全国之前列。

设立筑梦基金,辅助培养学生

《国家中长期教育改革与发展规划纲要(2010—2020年)》指出:"教育公平是社会公平的重要基础,教育公平的关键是机会公平,基本要求是保障公民依法享有受教育的权利，重点是促进义务教育均衡发展和扶持困难群体，根本措施是合理配置教育资源，向农村地区、边远贫困地区和民族地区倾斜，加快缩小教育差距"。中国共产党第十八届三中全会通过的《中共中央关于全面深化改革若干重大问题的决定》再次强调要解决好人民最关心、最直接、最现实的利益问题，要深化教育领域综合改革，大力促进教育公平，推进考试招生制度改革。同济大学作为国家"211工程"和"985工程"重点建设高校，有责任、有义务积极探索尝试提高招收农村学生比例的新途径和新办法。

当前教育资源不均衡，会导致城乡差距越来越大。贫困地区的发展要靠教育先行，而"筑梦计划"就是能帮助贫困地区教育发展的一个伟大的国家工程。"筑梦计划"主要面向中西部农村地区，特别是边远贫困地区和少数民族地区，县及县以下乡镇农村中学选才。考生应为农村户籍，长期在农村地区生活和学习，有高中三年完整学籍，学习成绩优秀，道德品质良好，符合同济大学的培养理念，对同济大学相关学科专业有浓厚的兴趣，具有一定的学科特长、创新潜质，且身心健康。同济大学四川校友会相关人员曾多次回母校看望"筑梦计划"的四川籍同学们，在跟同学们的交流过程中，发现同学们都能够很好地适应大学生活，可以说看不出与其他同学有何差异。同时，四川校友会率先在四川选取了14所有代表性的中学作为同济大学教育教学综合改革试验中学(包括云南的腾冲一中一共15所)。每所中学配备一位优秀校友作为校外辅导员，定期到所联系中学开展讲座，配合学校"大师进中学"与同学们座谈互动，也负责中学与大学的联系工作。另外，四川校友会还专门在15所中学设立了"同济奖学金"，前期每所中学每年评选5名家庭较困难但品学兼优的学生，每年奖励3000元/人，既资助他们的学业，又鼓励他们提前了解大学，激发他们对大学的向往、对专业的兴趣、对教授的热爱，为学校、为国家培养高端人才打好基础！

同济大学四川校友会积极协助同济大学招生办的各项招生工作，积极开展自主招生宣传等，切实为母校招引人才提供全方位支持。在招生环节，与报考同济的四川籍学生都有一定的交流沟通，为他们分析个人情况、解答各种困惑，因为川内校友会人员和本地区学生有天然的地域感情和生活方式方法的相通性，所以能进行很顺畅很交心的沟通。比如，有一次招考，我们在和川内山区的一个女学生沟通过程中,发现她因为个人性格、成长经历和未来规划等方面,更适合川内生活,所以建议她报考川内高校。特别是我们对进入同济的川内学生实施"双导师"辅导机制,校内导师辅导的同时,还给每一位学生配备了一名优秀校友导师,对学生的学习生活悉心指导,对学生在同济求学过程中遇到的经济困难、个人疑惑等情况全力解决,确保学生毕业成才!

配合校友创业,为毕业回川的同济学子的二次培养创造条件

校友在社会中积聚了广泛的社会资源,为母校的发展赢得了社会各界的支持。校友们分布在不同的工作领域、不同的行业、不同的地区,多年的艰辛奋斗和努力使他们拥有一定的决策权和影响力,在各行各业建立起了广泛的社会资源,可以为母校的毕业生提供更多的就业信息和机会。同时,因为校友与母校之间特定的血缘关系,他们能充分了解母校毕业生的优势,从而能很好地将用人单位的岗位需求与学生的需求"无缝衔接"起来。除了在毕业的终点联系校友企业,学校也可以借助母校与校友的血缘关系,积极推动"大学生实习基地""创业基地"的建设,从更长远的角度、更深层次地推动大学生实践能力的提升,更好地提高母校培养的大学生的质量。

2015年8月6日,在四川校友会的不懈努力下,同济大学与四川省签署了全面战略合作协议。为进一步推动人才培养,特别是同济学子回川后的二次培养,建立了一个更加稳定的机制与平台。

为校友的创业创新搭建好平台

结合省校战略合作协议,四川校友会正积极配合学校和成都市政府在川建设"3+1"创业创新平台,包括"同济创业谷西部基地""同济大学成都研究院""天府产业科技园"和"国际创新创意路演及交易中心"的建设。为同济创业校友及各方有志创业之士搭建创业创新平台,为地方社会经济发展做出贡献。

三、关于校友资源再开发的思考

毕业若干年的校友在事业上获得一定的成功后,也渴望用某种形式表达对曾经给予自己成长重要帮助的母校的感激。下一步,四川校友会拟推动设立"校友资源库",动态掌握校友情况,进一步加强校友互动,最大限度地利用好学校和校友资源。同时,大力支持校友的发展,引导校友利用创造的部分财富回馈母校,夯实母校"教育发展基金",并使之可持续发展,实现校友和母校的良性互动,从而推动实现将同济大学建设成以可持续发展为导向的世界一流大学的宏伟目标。

(同济大学四川校友会　京川集团董事长　雷志彬)

中学生创新项目答辩会

致花开的未来

在中国的所有问题中,教育问题几乎是最为严峻、最为迫切、最让社会和每一个家庭为之揪心的问题。

改革开放30多年,中国的经济发展可以说是一路高歌猛进,取得了很多令世人瞩目的业绩。但反观中国高等教育的这30多年,有欢欣也有伤痛。一方面,中国的大学取得了长足的发展,这一时期中国高等教育不断扩展教育内容及范围,今天我们所知道的各类专业知识与10年前、20年前、30年前比较,完全不可同日而语,中国人的知识范围正因这样的扩展而得以直接受益。但另一方面,近20年来教育的伤和痛也是显而易见的,大学的行政化、大学精神的缺失,教育思想落后,教育模式单一,教材陈旧、缺乏创新,教育功利化等现象严重。

从这个角度出发,我对大学的每一个创新心存感激,对推动创新的人们心存敬畏。对于同济大学开设的"苗圃计划",我是感到非常高兴的,"苗圃计划"可能是中国教育改革的一次非常重要的尝试。有人说现在的大学像技师培训学校,它对培养标准化的工程师有着很大的作用,但是我认为大学、特别是中国知名的大学不应该只做这样的事情。

如果你去问一个已经从大学毕业了10年或20年的学生,让他回忆一下他在大学期间学到了哪些知识?也许很多课堂上的东西他都已经想不起来了,但他在大学参加的那些社团活动,参与的某个大赛,某次与同学的激辩,他可能会记忆犹新,所以我认为大学除了传授知识以外,应该留给学生更多东西。"苗圃计划"作为一种全新的试验,不仅仅是在学生进入大学的时候才关心对这个学生的培养,而是从他还在读高中的时候,就开始关注这个学生的方方面面,关心他参加了什么活动,关心他有哪些创新,当然现在只是一个尝试,但我相信在不远的将来,我们可以看到"苗圃计划"出来的学生具有更多创新能力,具有更好的专业培养潜力。当然,"苗圃计划"的另一个创新是,在学生进校以后我们会为每位学生配一个导师,这些导师都是社会上各行各业中比较优秀的校友代表,或社会的知名人士,他们在自己的人生阅历中积累了非常多的人生经验、行业知识以及人脉关系。通过他们"一对一"的接对,可以给这些"苗圃"的学生带来他们在校园里得不到的培训或职业训练。

因为"苗圃计划"中的学生都是来自不同的院系,所以他们在这个平台上,比起一般的学生所得到的社交圈或知识结构一定也更加的全面。我自己在这个方面也有着很深的体会,我在同济读的是工科类的能源专业,但由于我那时是《同济大学生报》的主编,也是团委的干部,同时也是好几个社团的主席,所以我在大学的时候接触的层次就不仅限于同一专业的同学,而是来自各专业优秀的学生,包括跨校的学生。今天我回过头来看,也许我对当年本专业的基础知识学习印象已经比较模糊,但现在我的很多合作伙伴、很多精神上的盟友,包括在工作上交往的一些人,还是大学那一拨和我一起做社团的,和我一起参与学生活动的同学,也许我无意之间比同学们更早参与了当时的"苗圃计划"。今天我在同济很欣喜地看到,除了"苗圃计划"以外,学校团委还有"百优"等多种培养学生的方式,我认为这些举措可以大大地丰富学生们的知识面,拓展他们的社会实践,相信"苗圃计划"作为一项特色,会成为同济招生的一面旗帜。

当然,由于"苗圃计划"还处在试验阶段,还算不上一个完善的体系,对于这个计划的发展,我有几个建议。

第一个建议是,要给参与"苗圃计划"的学生做减法。我认为这个"苗圃计划"可能还不够大胆,这么讲是因为现在的"苗圃计划"很大程度上还是在做加法,也就是学生除了本身的课程以外,我们还会给他们增加一些课程。我认为只懂得做加法并不是那么完美的做法,我们要同时懂得做减法。比如说,同济有没有可能给参与"苗圃计划"的学生用创新性的课程学分来取代他原先必修课程的学分,让学生有更多的时间自己去折腾?我始终认为一个学校给更多时间让学生自己去探索,比我们的学生在学校里按计划接受课程教育更重要。我去剑桥大学听课时了解到,类似剑桥这样的世界一流大学,他们对学生的学分或学时的要求都已经比同济大学低了许多,这就可以让学生有更多的时间待在图书馆,有更多的时间去做社团活动,有更多的时间在自己感兴趣的领域做创新。从这个方面来比较,我们给参与"苗圃计划"的学生的限制还是太多,所以我认为应该给他们做减法,既然我们从高中就在课程的渗透、培养方向的把握上开始培养这类学生,到了大学就应该让他们有更多天马行空的时间和空间。

第二个建议是,现在"苗圃计划"采取的是"一对一"导师制,这个做法非常好,但我认为除了"一对一"以外,还要给"苗圃计划"的导师贡献自己智慧的地方。比如我在对风险投资、产业创新方面有一点探索,但是我对其他学科就没有优势了,那在我带的学生当中,我会在我的优势专业上给他们更多的启迪,但是这些学生如果没有跟其他导师之间的交叉,那么可能会得不到综合培养。所以我建议,我们这些导师要为参与"苗圃计划"的学生开设公共课程,而这门课程由不同的老师来讲授,导师们就自己的专业知识及行业背景进行讲授,当然这种形式可以是讲课,可以是论坛,甚至是Party,我们会有很多的形式可以言传身教。在这个过程当中,学生们得到的就不仅限于从一个导师那里得到的知识,我相信多方面的知识接触可以让学生避免因为导师单一的知识面而造成的知识束缚。

第三个建议是,在目前"苗圃计划"实行的一位导师带一个学生的计划中,"一对一"主要是校方来指定的,但我认为这个应该进行"双向选择",因为这样的"拉郎配"可能使得学生和导师都不是最优配置,所以在学生刚进校的时候最好能有半年或一年的时间让他有机会去听每一位"苗圃"导师的课程,导师的课程计划排好后,学生根据自己的兴趣选择,从而也让学生找到自己感兴趣的导师,再进行对接。一个学生可能选择多位导师,同时这个导师也可以选择学生,这样就会更加地对口,从而就可以有效地避免"拉郎配"的现象。

我们说，孩子是国家的未来，是祖国的花朵。但当下我们的教育却有悖花朵自由生长的规律，在用单一的标准培养着他们，原本花期各异的鲜花，变成了只有一季的芬芳；原本可以姹紫嫣红，现在却只能是单一色的怒放。在这样"大一统"的教育方式下，我们的孩子总被塑造成为别人希望的统一标准，而不是真正的自己。因此我衷心地为"苗圃计划"鼓与呼，我更希望这个"苗圃计划"可以使年轻的学子们拥有一个自由成长的土壤，让祖国的花朵在这个"苗圃计划"里自由绽放。

（同济大学校友、光华教育集团董事长、上海复旦量子创业投资管理有限公司总裁　鲁育宗）

苗圃之家

我的"苗圃"故事

2014年3月29日,当我从陈以一副校长手中接过"同济大学创新与创业指导类兼职教授"聘书的那一刻起,感到这不仅是母校给予的一份荣耀,更是一份责任。一年来,伴随着"苗圃计划"和"苗圃"学生们的成长,我和"苗圃"学生之间谱写了点点滴滴的故事。

我于90年代初研究生毕业后留校任教,担任过班主任和专业课老师,指导过学生的毕业设计。虽然离开学校20余年,但当年的学生和教师生涯使我对母校始终留存着一份浓浓的感情。这些年虽然也在热心从事着学院奖学金资助事宜和校友会工作,但是近距离接触学生的机会并不多。这次有幸担任"苗圃计划"的导师,我给自己的角色定位是"亦师亦友"的身份。

我在日常生活中通过微信平台与同学们互动,无论是第一届结对的"苗圃"学生,还是第二届来自全国各地的"苗圃"同学都可以通过微信与我保持联系,没有了空间的距离、没有了学长和学弟学妹们的年龄隔阂。平时工作再忙、再累,"苗圃"同学的微信回复从不过夜,对于他们在朋友圈里分享的一些资讯和学习生活的点滴,我总是尽可能抽时间点赞或评论。我会主动关心一些来自外地的新生初来上海在学校的生活是否适应?学校的饭菜是否可口?

节假日如何玩遍上海的都市风景？外滩踩踏事件发生后，我在第一时间对那些来自外地的同学微信"点名"，询问他们是否平安，是否给远在千里外的家人报了平安。为了近距离地贴近"苗圃"同学，更好地了解他们的学校生活，我会主动关注他们所在学院的公众号，当在微信公众号中得知我带教的金静文同学担任了"群熊争霸"德语剧邀请赛的主持人，下班后我特意赶去同济为学妹助威！加油！当我得知"苗圃"学员为甘肃贫困山区的学生开展"南申北陇，衣衣相连"捐助活动的消息，我也整理了衣物送去学校，以实际行动参加他们组织的活动。上海国际艺术节——青年艺术创想周活动期间，虽然我出差在外地，但还是让公司的同事准备了一些艺术节的票，让"苗圃计划"的同学们在紧张的学习之余身心放松，陶冶艺术情操。

也许是年龄的距离和代沟的关系，最初"苗圃"的同学普遍比较拘谨，并不善于向我们提需求，也不会利用我们的资源和人脉来帮助他们的成长。但我通过日常点滴的互动交流，与"苗圃"的学生们拉近了距离，同学们甚至与我相约一起过集体生日，一起去户外拓展旅行。同学们也非常乐意与我分享学习和生活中的事情，有困难找"学姐"的想法自然形成。

2014年夏天，金静文同学大一期末准备暑期实习，在选择实习单位的时候，我帮她物色了两个岗位：一个是基于个人兴趣爱好，能够接触社会、增加生活阅历的电视台制片人助理；另一个是与她的专业方向"汽车服务工程"相关的保险公司的车险理赔。令人欣慰的是，在选择中她不计报酬，更关注自己能学到什么。实习前夕，虽然事先已经通过朋友的妥帖安排，但我还是让她从撰写个人简历着手，学会充分展示自己的特长和才能，学会推荐自己的过程。在她实习期间，我也和她的带教老师经常沟通，密切关注她的实习情况。安排实习看似一件很简单的事，但是整个过程中从细节上的关心和关注，可以教会她做人做事的道理。在事后我与实习公司的交流中获知大家对金静文的表现非常满意，盛赞同济的学生做事踏实、善于沟通。实习结束后我还专门邀请学妹来我公司交流沟通未来三年学业规划和就业想法，和她商议后面几个假期的实习计划和安排，并为学妹准备了开学学习和生活用品小礼物，预祝她未来的学业生涯顺利，学有成就。

2015年寒假前夕，又有"苗圃"同学找到我希望安排实习岗位，我都结合他们的专业逐一落实。还有一位"苗圃"同学希望能申请"上海市大学生创新项目",因为我不太了解他的专业,慎重起见,我为他找了一家公司,请公司的老总、技术人员和他一起策划"上创课题",希望通过企业、学生、学校三者的有效对接,使得创新课题更具有社会意义和实用价值。在我给他搭建好课题的对接平台后,只要时间和精力允许,我也经常会参加他们创新课题的讨论,从课题立项、项目名称、项目申请书的编制到项目答辩技巧的每一个重要环节,都给予了中肯的建议。课题组的同学们也非常虚心好学,对我们的建议一一采纳和修改,这种借助了导师资源和企业资源的创新课题的立项自然而然地顺利通过。

当同学们在选择专业方向迷茫和困惑时,我也会帮助他们从个人兴趣爱好、特长、成绩、未来专业发展趋势等各方面给予分析和建议。总之,一年多来,我以自己的人生经验及社会资源,努力为"苗圃计划"学生的成长和发展提供帮助,搭建社会资源平台。以致于现在很多朋友都通过我了解了同济的"苗圃计划",朋友聚会,公务商谈,只要遇到合适的人脉和资源,我都不遗余力地推荐"苗圃计划",请大家为"苗圃"学生提供实习、见习机会,为"苗圃计划"学生开设"企业讲堂",邀请优秀成功人士传授创新创业类知识,分享成功经验和人生感悟,同济的校友们更是主动通过我牵线搭桥为"苗圃"的学生提供实习基地。

很多朋友问我,你工作这么繁忙,还有很多家事和社会工作,是什么驱动你如此热心"苗圃"的工作?我至今也没有找到明确的答案,也许是因为母校情结,看着"苗圃"同学的成长,分享着他们学习和生活中的成功,因为他们而快乐、愉悦。与同学们的相处中也让我学会了用最潮的网络语言与他们沟通交流。让我颇为感动和欣慰的是,当新年的钟声敲响的那一刻,我的微信中纷至沓来的都是"苗圃"同学们的新年祝福,新年的第一波幸福感涌动,我因他们而年轻、而快乐!

"授人玫瑰,手有余香,奉献爱心,收获希望",这16个字可以诠释我的心声和心愿,10年、20年后我们这些校友终将慢慢变老,我想我们所有的"苗圃"导师们都希望我们的付出和爱心能化成一份期待,期待"苗圃"同学们学会传承同济人的美德,当下你们在同济校园里度过最美好的大学时光,在感恩中学会珍惜,未来你们要怀着感恩的心走向社会、担当起回馈母校的责任!

最后衷心祝愿"苗圃"同学们带着梦想、带着对未来的憧憬在美丽的同济校园筑梦、起航!

(同济大学校友、上海生乐物业管理有限公司副总经理　徐放)

"衣衣相连"捐助活动

"苗圃计划"创新考试招生制度

我时常想,我们生在这个时代,感受着社会快速发展带来的生机与活力,也承受着时代变迁、价值观冲突加剧、全球经济一体化、环境污染、教育状况不尽如人意等所带来的阵痛,在无法逃脱,只能迎头赶上的境况下,需要尽力为子孙后代做一点事情,为我们的国家和社会变得更好而有所作为。

我从未忘记过,我是同济大学的学生。

在改革开放进行得如火如荼的90年代初期,我在同济大学渡过了人生最宝贵、最美好的6年时光。从20来岁怀揣求知欲来到同济求学,担任经济与管理学院学生会主席,到成为学校校董,能够为母校的发展发挥更多的作用,再到今天,人至中年,且我自己也投身教育业,此时再回顾往事,种种幕幕,均在提醒着我:母校同济大学是不断给予我精神营养和个人发展动力的源泉。

在一次与廖宗廷教授的会面中,偶然得知同济大学在新高考改革方面推出的新尝试——"苗圃计划",我心中欣喜!因为"苗圃计划"的目的也正是我的心之所向。

在我的成长经历中遇见过一些人,他们在基础教育阶段非常优秀,学科知识也十分扎实,但是很不幸,在大学期间,因为没有很好地认识、适应和接受大学对"社会人"的基本要求标准,而表现平平,错失了专业技能和个人职业生涯发展的绝佳机会。我曾经思考过：这样的问题要怎样才能够解决？

在基础教育的现实状况中，你会发现，幼儿园到小学，我们有"幼小衔接班"，小学毕业进入中学阶段，有"初中预备班"，而高中到大学，几乎没有任何提前预热的课程。西方国家的 gap year（间隔年）的设置，最初是为了让孩子们在中学毕业后与步入大学期间，能够有时间用旅游或社会活动等方式去了解社会，达到明晰自己职业目标的作用。很遗憾，一向视"分秒必争""勤能补拙"为优良传统的中国人在教育中并没有 gap year。更糟糕的是，学生在高中阶段往往陷入题海战术，到了大学，一下子放松下来，更加大了大学生对未来发展的迷茫的可能性。这个问题怎样才能够解决？

我们的大学，怎样能够将大学生标准素质的培养，下移到中学阶段呢？据我所知，同济大学做过一系列尝试，曾先后与多所中学共建了实验室或素质教育基地，结果是喜人的：这些尝试不仅引起了中学生对某具体领域的内在兴趣，也能够点燃他们的学科特长，激发了他们创新的可能性。后来，通过自主招生选拔后的跟踪，发现这些学生们在同济大学的表现非常优秀。

智慧而进取的同济人顺势发起了"苗圃计划"，在一下子能够解决我以上疑问方面进行了初步尝试。坦率地说，"苗圃计划"是同济大学以真正关注青年人发展为导向的良心计划，它改变了传统意义上的大学自主招生只是"掐尖儿"但并不为这些尖子的后续发展负责的现状，选择了将招生与人才培养相融合，真正地为国家培养青年人才，极大地为社会发挥了大学的作用。

在做基础教育的这些年来，爱立诚教育基金在这方面也有探索和尝试。我们在苏州同里的学校将与美国知名的私立中学嘉德圣玛丽合作，在课程方面进行尝试，尽量将更原汁原味的美国课程迁移到中国来，使中学阶段的孩子们能够享受来自不同文化土壤的更为多元化的教育，为孩子们的终身发展提供丰厚的素养。从这方面来说，我们与美方的合作，跟同济大学的"苗圃计划"异曲而同工，殊途而同归。

我时常想，我们生在这个时代，感受着社会快速发展带来的生机与活力，也承受着时代变迁、价值观冲突加剧、全球经济一体化、环境污染、教育状况不尽如人意等所带来的阵痛，在无法逃脱，只能迎头赶上的境况下，需要尽力为子孙后代做一点事情，为我们的国家和社会变得更好而有所作为。

仰望星空,宇宙深邃而遥远;脚踏实地,我们在能力范围内尚且有可控和可操作的空间。未来与现在并无明确界限,我们现在的每一步都关乎未来。

祝愿我们同济大学在"苗圃计划"的实施与探索中,发现更多人才,培养更多栋梁。我随时准备着为同济的发展再添一把火!

(同济大学校友、校董、爱立诚教育发展基金董事长　李懿)

中学生创新项目答辩会

第四章
苗圃骋望

导语:"十年树木,百年树人"。树木需要苗圃,树人更需苗圃。对大学而言,招生就像是"选苗",高中乃至更早期的教育就是"育苗"。"苗圃计划"实施以来,基本上做到了实现大学培养与基础教育的有效贯通和衔接,同时也激发了学生的兴趣、特长和潜质,让他们能够从沉重的应试负担中部分地脱离出来,有时间和精力提早参与到创新思维和创新实践的系统训练中,这同时也激励并支持了优秀中学生勇于有梦、善于圆梦。

放大效应,扩大影响

"苗圃计划"让中学生摆脱了以高考成绩定终身的束缚。实话实说,在高三的后半阶段,学生们就是在那里不断做题、炒冷饭,进行重复性训练,这是抹杀个性的,甚至可以说是残忍的。不论从生理学还是心理学角度,一个人到十七八岁的时候确实是人生的一个重要阶段,是一个人的世界观、人生观、价值观形成的重要阶段,是想象力最丰富最有创意的时候,而此时的他们却在不断地进行枯燥无趣的重复性训练,而这种训练的唯一目的就是为了分数。想象力和创意都被抹杀掉了,这个人还可能成为创新人才吗?我们都知道,高中是兴趣形成阶段,成熟是在本科。所以同济"苗圃计划"的这种理念对现在的教育改革、高考改革都是有积极作用的,对学生兴趣的培养、想象力的回归、创造力的发挥,都是有深刻影响的。

我们国家的文化习惯是,干什么事都要贴标签,培养干部也是这样。但是培养创新型人才是绝对不能贴标签的。我的观点是,创新型人才不是养出来的,而是冒出来的。举个例子,前几年在国际学术评估项目对全球中学生的学习成绩对比调查中,上海学生排名第一。欧美很多专家就到上海来调研,看上海是怎样做的。欧美专家发现,在上海学校里教学生游泳,分三步,第一步,是在教室里比划,怎么吸气,怎么划水,怎么蹬腿;第二步,到学校室内游泳池,在游泳池里面比划,然后就慢慢能在水里晃了;第三步,是带到海里去,最后一班40个学生全部赶下去,就说游到岸边,最后40个人都平稳地游到岸边了。这样,40个人都会游泳了,证明教育的成功。然后中国老师就问你们美国不是这样的吗?他们回答:不是的,我们是直接把40个人带到海里去,一个个拽下去,谁游到岸边,谁就是领袖,谁就是人才,如果游不了,你就上船。40个人什么都不会,也没教过,也没比划过,他们拼命游啊游,然后有的人游不动了,有的人快溺水了,就把他捞上来,最后就有一两个人从40个人里面脱颖而出。你根本不知道谁会冒出来。冒出来的人就是精英，就是人才，就是领袖。在条件相同的前提下，他的胆量、气魄、体力、精神，就完完全全地显现出来了。如果这40个人，由冒出来的这个人来领导的话，这个团队存活的概率就大呀。这就是所谓的狮子领着一群绵羊，能够打赢一只绵羊领着的一群狮子。

我觉得实验室就是一个很好的试验场，动手能力强、有创新思维、有钻研精神的人就会冒出来。我们学校很重视实验室的建设，我们的实验楼叫STEM实验中心，有科学、技术、工程、数学等学科的专门实验室。我们希望把学校办成一个有科技特色的学校，现在我们正朝着这个方向努力、发展。现在说华二（华师大二附中）是竞赛、复旦附中是人文、上海中学是高考，那上海交通大学附属中学呢？我希望将来说到上海交通大学附属中学是科技。基于这样的定位，我们现在就是这样来组织课程设计、课时安排的。我常常这样说，如果你是一个外行，想了解某个中学，怎么了解？最简单的办法，就是看下午三点半到五点半这段时间大部分学生在干啥。有的学校的学生在教室里做作业，有的在图书馆看杂书，有的在运动场锻炼身体。而我们学校现在高一年级有1/4的人，这段时间都在实验室。因为他们知道，许多项目是要在实验室做出来的，纸上谈兵是谈不出来的。

有的大学很功利，有的高中也很功利，就是在那儿掐尖。同济不是的。我们是大学附中，相比较而言，与大学更容易合作。因为我们的一些文化，我们的发展历史，都与大学背景有关。我建议同济在确定"苗圃计划"学校的时候，应该鉴别一下，对一些比较功利的中学，要适当地做一些调整。

无论从理念的宣传、项目的操作，还是长远的影响等方面，都要把"苗圃计划"的文章做足。无论哪天有谁来问我，我都会告诉他同济是真的，我真的是这么认为的。

我觉得"苗圃计划"要建立退出机制。我做了这么多年校长，也认识很多大学的招办主任、招生老师。我可以明确地说，很多学校推出的方案都是一个空的壳，但同济大学廖宗廷主任是做得最系统、最踏实的。现在，"苗圃计划"将高校与高中生的培养延伸到高一以后，一方面可以激发他的专业兴趣，树立长远的志向，还有很重要的一个方面，从情感上来建立一种联系。就是说,如果一个学生整整三年时间都保持与某个学院联系,做相关项目,再加上对专业的那份兴趣,这个情结得有多深呀!我建议同济要多派一些大牌的教授、专家到中学来,因为高中生很容易崇拜"明星",如果学生崇拜一个老师,他就自然会学好这个老师教的学科。同样,如果学生崇拜同济的教授,他就自然会向往进同济大学。

我真心希望"苗圃计划"能放大效应,扩大影响,真正挖掘出具有学科特长和创新潜质的优秀高中学生,并在高校自主招生中起到示范作用。

(上海交通大学附属中学校长 徐向东)

来源:《同济"苗圃计划"是来真的——上海交通大学附属中学校长徐向东访谈》

中学生创新项目

对话"苗圃计划"

记者：王伯瑛　（采访时间：2015年3月）

记者：这些学生参加苗圃课程以后，有什么明显的变化吗？

王丽萍：我觉得学生眼界拓宽了以后，心胸也更加开阔了，责任感也明显增强了。举一个很简单的例子，对海洋、航空航天之类的专业，学生不太了解，总有些神秘感。而这些专业的大师们不单单讲这些领域国内和国外的发展成果，还会对国内和国外的研究情况进行比较，并指出我们的差距所在。学生们对这些专业有了一定的了解后，报考这些专业的人数也越来越多。我觉得我们作为一个重点高中要激发学生勤奋学习，要为国家的建设发展，尤其是薄弱环节、薄弱领域的发展做更多的贡献。年轻人要有目标和志向，不能急功近利。太急功近利，国家的发展没有希望。而这种目标和志向的确定，是需要引导的。所以我觉得"苗圃计划""大师课程"这种对于学生正能量的激发，意义非同小可。

同时，这些学生参加"苗圃计划"后，带动了很多方面的发展。最简单的一个例子就是，"苗圃计划"的很多项目在进行的过程中就需要描述、表达，"大师课程"的很多内容都是互动型的，学生要高度概括地把自己的疑惑提出来，这些方面对学生都是一个很好的锻炼。你有再好的想法，表达不出来就等于没有。我们还专门为这些学生开设了演讲、领导力等课程。对于这些学有余力的学生来说，他们能够获得大学教授和高中教师参与的团队的指导，真是非常幸运，让他们可以获得较早较快的发展。

"苗圃计划"带来了学生的变化，也获得了家长的认可。我们会把参与"苗圃计划"学生的家长请进学校，来听他们的孩子的学习汇报，看看孩子有什么变化。家长们看到自己孩子实实在在的变化，在短时期内有较大的进步，自然很高兴。现在很多家长希望孩子选择晋元高级中学之后，争取参加"苗圃计划"。

记者：今年上海将实施新的高考方案，您觉得会对中学教学、"苗圃计划"产生怎样的影响？

王丽萍：今年上海新的高考改革模式是"3+3+综合素质"评价。第一个3，就是语、数、外3门主课；第二个3，就是在6门学科中自主选择3门学科，这跟原来的"3+1模式"比较起来，难度降低了，知识面拓宽了；而综合素质评价是希望学生能有更多的时间选择个性化的课程，满足他们德、智、体、美全面发展的需要。这样，给我们的空间就更大了。我们学校正趁着上海高考改革的机会，给学生更多的时间选学他们感兴趣的课程。"苗圃计划"课程正是可以让学生自主学习的课程，从这一点也可以看出苗圃课程的前瞻性，让一些有个性、学有余力的学生去衔接一些大学课程，为他们进入高校后快速提高研究问题、解决问题的能力奠定一定的基础。如果没有"苗圃计划"，我们也会动脑筋、想办法给我们的学生量身定制一些课程。所以这几年我们加大了很多板块建设，包括艺术中心。我们要求学生3年之内学会两项体育技能，使身心获得健康发展；艺术方面，我们希望学生通过一项艺术技能来带动他的艺术欣赏水平的提高，我们正在搭建平台，设立了学校艺术创新实验室等。

我觉得今年上海高考改革从另一方面也倒逼大学进行改革，比如说文理不分科，一本与二本合并投档等。所有的大学都在一个平台上，整体实力是一方面，专业的发展势头也是不可低估的，所以这是倒逼大学要改革发展。

记者："苗圃计划"对你们学校有什么影响？

王丽萍：我们的"苗圃计划"不是急功近利地做，不是仅仅围绕十几个学生在做，我们是希望通过"苗圃计划"这种理念能够带动更多学生学习方式的转变，带来教师教学方式的转变，这是关键。对我们学校来讲，坚持实施"苗圃计划"，若干年后肯定就形成了特色。如果初中优秀的学生进入晋元，晋元优秀的学生输入到同济去，这样同济也就招到了适合在同济成长的学生。真心的喜欢这个专业、有兴趣的学生进入某些专业，就不会是急功近利的。我们也在对进入了同济大学的"苗圃"学生做一些跟踪计划，看看还有哪些发展的空间，有哪些需要改善的地方，形成一个良性循环。这些事情必须要静下心来做。接下来我们还将就如何跟踪这些学生的发展过程，如何进一步完善"苗圃计划"的体系等问题进行研究,并不断加大研究力度。

我们能很深切地感受到,同济是真心诚意在做。我们与别的高校也有交流和合作,也是会有比较的。我们觉得同济是做得最实的,同济办事的务实作风,也让我们印象深刻,十分感动。

记者: 您认为"苗圃计划"在推进过程中还有哪些需要完善的地方?

王丽萍: 毕竟"苗圃计划"对我们来讲是一个新的探索,我认为我们还要加强学生管理、课程建设、过程评价等方面的工作。从目前上海高考改革的方案来看,"苗圃计划"与高考改革的方向是一致的,而且我们还发现"苗圃计划"中对学生的评价体系与高考改革方案中的综合素质评价也是一致的。

从另一种角度来讲,大学已经转变思想,放下身段,到高中来,参与教学研究和改革。我认为高中自身也要有所作为,要把"苗圃计划"与自身的基础结合起来。这就使得与同济大学"苗圃计划"合作的各个学校都各有特色,也就与我们国家培养各个层次各种人才的目标相吻合了。

(时任上海市晋元高级中学校长　王丽萍)
来源:《上海市晋元高级中学校长访谈》

中学生创新项目答辩会

"苗圃计划"助推中学特色创建

特色创建和学生的"苗圃"学习主要是靠课程作为载体,课程的展开才是教学。在课程设置方面,我们学校有理科实验课程,包括物理、化学、生物、地理、计算机等,也都是高考科目。在基于国家教材的基础上,我们和同济大学相关院系的专业领域合作,邀请大学教授来指导这些课程。我们的青年教师在大学教授的帮助和指导下,创建了5个创新实验室:基于物理学科的是"地球物理创新实验室";基于化学学科的是"环境工程实验室";基于生物学科的是"生物工程创新实验室";基于地理学

科的是"3S技术应用实验室";基于信息技术的是"智能机器人实验室"。也就是说,我们的创新实验室都是基于理科实验教学,再往前面拓展延伸,"苗圃"学生的项目都源于创新实验室的课题研究和项目学习。在这5个实验室中,有3个实验室的老师是同济大学相关学院的硕士毕业生。我们引进他们,一方面是因为同济学生的优质程度在国内有目共睹,这些老师本身的专业素质非常好;同时引进他们就等于引进了他们背后整个学院的资源,他们在同济有自己的老师、同学,对学院的环境、条件和资源都非常熟悉,有利于我们对同济的资源整合和应用。

同时,基于国家课程,我们提出了高中学生的培养目标,即八个字:人文涵养、理工成才。在"人文涵养"这一块,我们与同济大学人文学院合作,把经

典诵读和同济大学大师讲坛整合起来,弥补了我们在培育人文涵养方面的短板,确保我们培养的人才是文理贯通和全面发展的。

我们学校这几年"苗圃计划"推进得比较顺利,我也听到了同济大学教授们的反馈。我们学生在中考时的文化课成绩大概处于上海市或者普陀区50%~60%之间,并不是很靠前,但是参与"苗圃"项目的认真态度、操作规范、动手能力、汇报质量、研究课题的成效以及总体的评估等方面,我们附中的学生还是比较好的。这也说明我们的学生虽然中考成绩不拔尖,但他们的学习兴趣一旦被激发、动机一旦被唤醒,他们的能力也是不弱的。

就我自己的感受来说,第一,"苗圃计划"对学生的学习兴趣、学习热情的激发和自信心的培养有很大的促进作用。每一年我都会召集一批高三学生开座谈会,我也会经常和他们谈谈。那些参与"苗圃"的学生是我比较关注的群体,给我的第一个感受是同学们都非常珍惜这样的学习机会。我们每个月都有"同济日"活动,组织高中学生到大学的各个学院去现场观摩学习,参加同济大学教授主讲的大师讲坛,同学们都很兴奋,也很向往同济大学,特别是在对同济大学有了进一步的了解和体验之后。所以我觉得,通过"苗圃计划",我们的同学不仅提前了解了大学里的学习生活、专业设置和学术前沿,同时也激发了他们的学科兴趣和努力学习的动机,尤其是增强了自信心。我们的同学参与"苗圃计划"很认真,在汇报的时候也很自信,能力提高得很快,在参与上海市或普陀区科技类的创新项目比赛中获得了不少奖项。

第二,我们老师在互动中也接受到同济大学教授的很多指导,我们学生对"苗圃"项目的学习和研究更加规范,包括操作流程、相关研究的一些知识,都得到了很好的训练。这是特别好的,也是同济教授对我校老师的指导和帮助的结果。同济大学拥有非常好的教师资源,在"苗圃"项目汇报答辩、专家评估的过程中,学生们的学习方法、知识拓展、实验研究、流程规范都得到了很好的专业指导。这一点没有大学的帮助我们中学是做不到的,而且也不会花很多时间去做,因为没有能力和条件,做起来效果也不明显。

第三,原来学生升入高三才会思考要考什么大学什么专业,现在高一高二就开始有了比较明确的奋斗目标。在对同济了解逐渐增多的过程中,学生对自己专业的取向越来越清晰,能力也越来越强,经过反复思考、确认和判断,更加坚定了自己以后的职业生涯发展方向。因此,学生在后来的高考志愿填报、专业选择时会更加理性和务实。

第四,上述三点都是针对参与"苗圃计划"的学生,对全校的学生而言,每个年级有10多个"苗圃"团队成员,他们分布在各个班级,像火种一样将"苗圃"项目中训练的课题选择、认知领域、研究方法、实验规程等,在项目的展示交流中辐射到整个班级,从而带动整个年级的同学都提前思考将来的专业选择。

(同济大学第二附属中学校长 刘友霞)
来源:《"苗圃计划"助推中学特色创建》

"苗圃"的梦想

奉献桑梓，成就未来

"苗圃计划"的设计理念和实际工作，说明能够帮助中学生摆脱"一考定终身"的弊端和"唯分数论英雄"的偏颇，可以说是现有招生办法的一个创新，并主要从以下几个方面的成效可以看出。

首先，促使大学的专家教授积极关注自己所在学院的招生工作。因为现有的高考制度使教授们即便有心也无从了解学校将会招收怎样的学生，能够认真讲教已经坐在教室里的大学生就是尽心尽力了。而随着"苗圃计划"的进行，许多教师态度积极、认真参加相关活动，尤其是一批乐意奉献桑梓的教授，如科研院贺鹏飞教授、土木工程学院吕西林教授、教务处王晓国教授等陕西籍同志能够经常按要求到陕西省西安中学，开展"苗圃计划"的各项工作，并深入与中学生交流，还利用为"苗圃"育苗工作之外的时间，分头到其他重点中学(如西北工业大学附属中学、西安高新第一中学、西安交通大学附属中学、西安市铁一中学、陕西师范大学附属中学、西北大学附属中学、陕西延安中学、陕西榆林中学等)开展有关讲座、宣传同济大学、推介自身的专业等，不仅中学生反响强烈，而且实际效果也非常明显，极大地提高了同济大学在陕西全省范围的影响力及招生质量。

其次，"苗圃计划"能够丰富中学生的课外活动。"苗圃计划"实际进行中，主要有教授进中学开设专题讲座、选拔和组织中学生的科技兴趣小组、派教师指导和检查项目的进展、吸引学生来同济大学参加各种活动等形式。通过与学生的接触交流、讨论座谈，希望激发其真正的兴趣、潜在的爱好。在计划进行的过程中，也确实有许多学生表示："苗圃计划"的实施，最直接的效果就是为参加"苗圃计划"的同学提供了离开教室和课堂的机会及动力，使中学生能够在繁重的学业之余，想方设法与小组成员聚集一起，积极思考、讨论问题、实际操作、表现自我等。与此同时，带来其他方面的收获也很多，如钻研精神、动手能力、思维习惯、人际交流、互助协助、耐心锻炼、口头和文字表达能力等,这些方面的潜移默化得以影响和提高,由于无法述说和量化,这里借用一位高中生说得很生动的话:"妙不可言"。

最后,有益于大学和中学的沟通。现行的高考与招生以及教育制度的安排,大中学校之间基本上没有什么联系,而"苗圃计划"的推进,通过大学教授进入中学、吸引中学生到大学参加活动等形式,明显能够在大学与中学之间,建立起密切、稳定的联系。这对于促进中国目前中等教育和高等教育之间的衔接,毫无疑问是积极的探索和一种方式的创新。

与此同时,通过中学生和大学教授的更多接触、交流,有效地促进了中学生对大学及其专业的了解,也为大学招生、准确评价考生提供了许多机会。这就为高考学生和大学招生双方带来相互了解、深入思考、认真选择的可能。因此,无论是"苗圃计划",还是名师讲座,如果可以将教师和学生的积极性都有所调动,那么还有什么工作和计划能够比这一项目更有意义与必要的呢?从这个意义上来说,"苗圃计划"的实施符合教育的根本目的和发展趋势,并且已经取得明显成效。由此来看,就值得继续坚持下去。

(同济大学马克思主义学院党委书记　张劲)
来源:《"苗圃计划"应该并能够成就什么?》

教授进中学

铺就沃土，助苗茁壮成长

东北师范大学附属中学在教育自觉的精神引领下，一直致力于探索多元化的人才培养策略，致力于契合人才培养目标的课程开发与建设，学生培养渠道丰富多元。中国第一汽车集团公司、中国科学院长春光学精密机械与物理研究所、长春轨道客车股份有限公司都是东北师范大学附属中学学生的科技教育实践基地。

作为学校活动类课程的组成部分，近年来东北师范大学附属中学学生积极参加了由同济大学举办的"全国中学生结构设计邀请赛""中国EP节能车设计大赛""FTC机器人世锦赛中国赛区总决赛"等。

东北师范大学附属中学将通过"苗圃计划"的实施，一方面创设与大学人才培养方向相契合的特色课程，在课程内容、运行方式、学生评价等方面开展探索；另一方面在同济大学专家团队、东北师范大学附属中学学生科技教育实践基地同济大学校友专家团队、东北师范大学附属中学导师团队组成的"三导师"，即"专业导师、实践导师、学业导师"的指导下，为学有优长的学生铺就沃土，助其茁壮成长。

（东北师范大学附属中学副校长　刘丽君）
来源：《"苗圃计划"在教育的有效衔接中助推人才培养模式研究》

新格局,新理念,新开拓

"苗圃计划"开启了高校、中学联手合作共赢的教育新格局,对于推进基础教育的理念、课程、培育模式的创新都有开拓性作用。

自2010年上海市曹杨第二中学"同济德语理工基地"挂牌建成以来,我校的优秀学生对报考同济大学的热情逐渐高涨,报考人数逐年增加。上海市曹杨第二中学第一届"苗圃计划"实验班的学生25人,有15人进入同济大学就读,其中有6个人进入中德工程学院。2015年我校共有20名学生被同济大学录取,其中有16名学生来自于"苗圃基地"。同济大学已经成为上海市曹杨第二中学招生名额最多的高校之一。

在上海市曹杨第二中学,由中学提供场地,招募学生并实施组织管理及课程设置,由中路股份提供零件、设备并派遣技术人员指导学生装配或改装自行车,帮助学生完善自行车创意设计。同济大学针对我校"苗圃基地"的特色,开设了适合高中生的"现代自行车创意讲座",组织比赛,协助我校申报上海市学生创新实验室,实验室的创建更加丰富了"苗圃计划"的内涵。同济大学与我校正在深入探索更加有利于创新素质培育的人才培养机制。

在AP课程建设上,同济大学也已与我校开展了更加广泛的培养方式,之前由同济大学教授开设的"大学德语""机械制图"等课程,现在由中学教师进行授课,大学教师进行出卷和阅卷工作。这种将中学和大学的课程衔接的方式在上海教育界具有开创性意义!它开启了高校、中学联手合作共赢的教育新格局,对推进基础教育的理念、课程、培育模式的创新都有开拓性作用。

(上海市曹杨第二中学副校长　易建平)

来源:《面向"育苗"过程的人才培养与选拔——同济大学"苗圃计划"在上海市曹杨第二中学的开展与实施》

正确认识，突破藩篱

同济大学"苗圃计划"旨在真正实现大学与中学的贯通式教育，对大学而言，缓解"中学后教育问题"。大学课程的前移是以高等学校基础教学课程为主要内容的大学教育，包括数学、物理、化学等各专业基础学科的兴趣引导，这实际上是在中学教育基础上的延伸与补充。大学教育与中学教育有效衔接，能使新入校的大学生尽快了解学科特点并适应大学的教学模式。

大学的教学与中学的教学存在较大的区别，主要表现在专业的选择上。我们的中学生上大学前，多数人对专业的认识是很模糊的。而高考时学生填志愿，要确定专业，这时他们只有凭专业字面上的意思、自己的理解与家长的意愿填报，但这很可能形成误解。当他们进入大学对所报专业了解后，可能与学生本人的真实意愿不符，不少人产生苦恼与无奈。现在一些高校，招生时不再要求填写具体的专业，但更多的高校并没有给学生如此的自由，虽然也可以转系、转专业，但并非人人可以如愿。

"苗圃计划"在中学阶段帮助中学生形成对大学的正确认识。让学生明白，大学是学习的地方，是中学学习的一种延续。"苗圃计划"将招生与人才培养有效结合，突破了传统高考与应试教育的弊端，提高了生源质量，推动了相关中学素质教育的开展，为中学所在省、市开展教育改革提供了新思路。

（时任同济大学材料科学与工程学院副书记杨晓杰、教师宋文娟）
来源：《实现大学－中学贯通式培养选拔"适切性"人才——由同济大学"苗圃计划"谈人才培养》

把握机遇,培养人才

上海市向明中学从2012年9月起加入了同济大学"苗圃计划",成为享受同济大学优质高校资源的幸运者。"苗圃计划"的宗旨与向明的教育理念是如此相近,注重学思结合,激发学生的好奇心,培养学生的兴趣爱好,营造独立思考、自由探索、勇于创新的良好环境。除了学业成绩,学生在参与学习的过程中所表现出来的勤于思考、敢于质疑、勇于探索的精神,以及自主学习、实践研究、开拓创新的能力都是我们共同关注的人才品质。

同济的青睐是向明发展的机遇,向明可以依托同济丰富的教学资源,进一步深化学校"以学生可持续发展为本,让每个学生在创造实践中成长"的办学理念,弘扬向明特色。在日常教学中,我们始终坚持尊重学生学习的兴趣,关注学生的个性特长,为学生提供各种实践机会发展一技之长,促使他们的兴趣逐步提升为志趣,早日形成个人发展的志向。学生直接享受到了大学优质教学资源,聆听来自环境科学与工程学院、海洋与地球科学学院、生命科学与技术学院、化学科学与工程学院教授精心准备的讲座,与教授间直接的对话交流都能使学生感受到知识的魅力,感受到学术研究的乐趣,从而激发他们更加努力地学习探索未知。

"苗圃计划"为学生提供了早日确立专业理想的机会

同济大学"苗圃计划"为高中生提供了一个提前接触大学专业的机会,对某个专业让学生经历一个从知道到了解的过程,让学生在实践中发现自己的兴趣所在,逐步培养学生对专业的热爱,使学生早日确立自己的专业理想,在高考填报志愿时不再道听途说、盲从父母,而能准确把握自己内心对专业志向的追求,为今后的职业生涯奠定良好的感情基础。人有了志向才会充分激发出自己的内驱力,俗话说得好:"兴趣是最好的老师"。教育就是要让学生早日树立自己的人生理想,带着兴趣和理想去学习,这样才会学得投入、学得快乐、学得有效。

"苗圃计划"为学生提供了开拓视野的机会

高中学业体系相对比较封闭,各学科教材的内容以经典的学科基础知识为主,模型化的素材居多,学生的主要精力花费在熟悉研究学科模型上,大量做题往往是必不可少的手段,如此这般才能从容应对各科学业测试。这样的现状直接导致学生接触生活中实际知识和学科新知识的机会很少,网络传播成为学生接触这类知识的主要途径,但是网络内容鱼目混杂,不能轻信,学生更需要智者的引导。"苗圃计划"选派的教授讲课队伍精英荟萃,相当一部分是在各个专业研究领域的国内佼佼者,他们的讲座内容丰富多彩,从过去讲到未来、从赤道讲到南极、从宏观讲到微观,他们不仅为高中生带来了许多最新的专业领域信息,而且会指导学生如何去辨别一些伪科学的内容,此举使中学生大开眼界,对激发学生的学习兴趣、发展学生的个性特长、培养学生求实创新的科学精神和正确的科学价值观大有益处。

"苗圃计划"为学生提供了跨学科自主学习的机会

高中教材的编制是按照学科体系来划分的,学生在课堂教学过程中听到的、看到的内容都局限在某一个学科当中,受到教材和学时的限制,教师很少会拓展联系到学科以外的内容,故而中学生头脑中各学科知识体系的板块界线是很清晰的,学生没有这种意识也没有能力去进行跨学科的学习体验。但是"苗圃计划"的实施为学生创造了极好的跨学科自主学习的环境,对学生自主学习能力的培养有极大的益处。

教授的讲座是以某个主题的方式呈现的,主题中提出的问题、运用的科学理论、开展研究的方法等往往会涉及到多个学科的知识,使学生能学习到跨学科研究问题的方法。从观察现象的多角度、分析问题的多面性,到研究手段的多样性,学生头脑中的学科知识界限慢慢被打破,不同学科知识间逐步产生了一些点与点之间的关联,学生的思维空间得以扩展,思维品质得到提升。学生如果还想了解更多关于学科间知识的联系和应用，就会主动跳出中学教科书，利用图书资料、网络资料等途径去一探究竟，自主学习的历程就此起航。一个具备跨学科自主学习意识和能力的人，其思想和能力的发展无可限量，一定会成为学习、工作中的强者，会成为社会发展所需要的人才。

"苗圃计划"为学生提供了参与课题研究的平台

同济大学中学生创新项目研究是"苗圃计划"中相当重要的组成部分，旨在培养高中生的创新精神和课题研究能力。同济大学一再强调：中学生创新项目研究看重的不是学生最后得到的课题结论如何精彩，而是整个课题研究的过程学生是否真心地投入、真实地参与。同济要求参加"苗圃计划"的学生去寻找生活中有创意的研究课题，在同济教授的指导下能全程经历一遍课题研究的过程，亲身感受如何选题、如何设计研究方案、如何开展研究、如何发现问题并解决问题、如何归纳结论等一系列规范的研究环节，其中特别强调的是学生必须自己动手去做实验和调查研究，并要在《育苗手册》中做好详细的记录。可见，"苗圃计划"实实在在地为高中生搭建了一个体验课题研究过程的平台，使学生有机会早日接触科学研究的方式和方法，为今后进入高校和社会的可持续发展奠定基础。

"苗圃计划"为学生设计了过程性评价的方式

"苗圃计划"开创了将人才选拔的过程拉长到整个高中三年的先例，并自始至终参与其中，从学生的学习态度、学习能力、思维能力、实践能力等各方面进行全方位考察，促使学生坚持重视学习成绩以外各种能力的锻炼和培养。在最终向明"苗圃"自主选拔的评价方式中，学业成绩（从高一到高三）占据了40%的比例，学生在同济教授课堂上的表现、课后作业的质量、参与同济活动的表现、课题研究的成绩，以及与面试专家面对面的交流都成为了评价学生综合素养的指标，这样的过程性评价方式对学生的各方面表现考察全面、到位，最大限度地体现了对学生公平的原则。经过这样精心培养挑选出来的学生一定是具有较强综合实力的人才。

"苗圃计划"促进了高中教师指导课题能力的提高

　　向明"苗圃"的学生从同济大学教授那里不仅获得了大量知识和信息,而且学会了如何思考、如何研究、如何创新,他们逐渐习惯于主动地发现问题、主动地查阅各种资料、主动地与教授交流探讨问题,在实践中变得更加会学习、会思考、会探索,成为同龄人中的佼佼者,这样的喜人变化都得益于"苗圃计划"。

(上海市向明中学教导主任　成瑾)
来源:《把握机遇培养人才》

苗圃之家

创新人才培养模式的探索

人才的核心竞争力是其创新精神和创新能力。但在应试教育的束缚下，高中教育教学生如何去应对考试，高三毕业的学生对大学的专业不了解，大学也被迫招收那些在高考中取得高分的学生，学生对自己被录取的专业不一定感兴趣，这些造成了高中和大学对人才培养的脱节。同时学生们的创新意识和创新能力最强的年龄段大部分时间仍在"教室里"学习理论知识而没有机会做创新实践。

如何破解这些问题？高中教育如何与大学教育有效衔接？两年前，同济大学选择我校作为"苗圃计划"试点高中之一，在我校选拔兴趣特长突出、富有发展潜质的高中生，对他们施行中学与大学贯通式培养。同济大学的五个学院在我校创建"苗圃基地"，建立兴趣小组、实验小组，选拔对这些学科专业有兴趣的高一、高二学生，由同济大学教授进行"育苗"。学生们在"苗圃基地"接受训练后，如达到同济大学制定的标准和要求，不仅可获同济大学自主招生的优惠政策，而且在进入同济大学后，还可对接学校"4+M+3"本硕博贯通培养模式，或优先进入各类人才培养模式创新实验区。经过两年多的实践，第一批"苗圃计划"模式下培养的学生已升入大学深造，后继的"苗圃计划"学生也正在大学和中学的联合培养中不断进步。我们也在实践中探索出一套"苗圃计划"实施中创新人才培养的模式：要以创新项目实践引领、提升高中学生创新能力。首先，切实转变人才培养观念，明确合理的人才培养目标；其次，优化高中课程设置，营造创新项目研究氛围，提升实践创新能力；最后，以完善的评价激励机制，保障高中学生创新实践能力的提升。

高中学生创新能力，即在各种实践中高中学生以其个性品质为支撑，利用已有知识、经验，生发新思想、新方法和新成果而独到解决问题的能力。在"苗圃计划"中开展的高中学生创新项目实践，是在日常学习、生活中高中学生凭其创新意识和向上人格,充分运用知识储备及发散、联想、逆向等多种思维方式开展活动。创新能力的提升与创新项目实践相伴而生,在创新项目实践中创新,在创新过程中再实践。二者密切联系,无法割裂。

创新项目实践对高中学生创新能力的培养、提高等方面的作用突显。高中学生的创新能力,从其内涵来看,应该是创新意识、思维,敏锐的洞察力,坚韧的意志力,实事求是的科学态度与精诚合作的团队精神等一系列内在素养的外化。"高中学生从事科研活动对于培养学生的兴趣、动机、情感、意志和性格等非智力因素具有重要的积极作用。良好的非智力因素一旦形成,便能够对高中学生的创造活动起着始动、定向、引导、维持、强化、调节与补偿等一系列相互联系的作用,从而推动其创造能力的发展。"而从其外在表现来看,至少应该具备资料检索、信息综合提炼与加工、社会调研实践、创新技法的运用、创新成果的表述(如论文的撰写)等能力。仅有强烈的创新意识而缺乏创新表现力,创新无法完成。高中学生普遍具有创新冲动,希望在学习中产生新思想,并积极寻找新方法。而创新项目实践,则是通过让高中学生参与科学研究的全过程,明确其基本要求,掌握科研基本方法,提高高中学生运用所学知识发现、分析和解决问题的综合能力的实践活动。

"苗圃计划"立足培养学生的自主学习能力、创新思维能力与实践能力。在实践中学习知识、锻炼思维、形成技能、提高能力、塑造人格,造就一批具有国际视野和知识创新能力的创新型后备人才。我校依托同济大学土木工程学院、环境科学与工程学院、海洋与地球科学学院、航空航天与力学学院、材料与工程学院等,在高中阶段开设一些与实验项目相关的大学预科课程、创新史话、创新原理技能,以及创新实践课程,结合学校基础型、拓展型、研究型与生活经验型课程的优化实施,开拓学生的视野,激发其创新兴趣和热情,提高其创新思维与实践能力,并促其逐步形成人生的志向,为今后的创新与发展奠定基础。

(上海市晋元高级中学教务处副主任　陆高原)
来源:《"苗圃计划"实施中创新人才培养模式的探索》

"苗圃计划"实施效果显著

同济大学正式实施"苗圃计划"才一年多,但"苗圃计划"的探索已有四五年的时间了,它是从我校开展自主招生改革实践中产生的。虽然时间较短,还在起步阶段,但已经受到参与中学、参与中学当地教育主管部门甚至政府领导、中学生、家长和媒体等的欢迎和肯定,现在全国许多重点中学和地方教育主管部门特别踊跃,纷纷找上门来,要求加入"苗圃计划"。总结"苗圃计划"实施情况,其实施效果主要包括下列几个方面。

"苗圃计划"基本触接到我国考试招生制度改革的本质

为了消除"应试教育"和"一考定终身"的弊端,教育部10年前推动自主招生选拔录取改革计划,各个学校也都在积极探索,虽然取得了较大成绩,但至今为止,大多数的做法还主要是出些题再考个试,或加各种形式的面试,有的还开展了体能测试或时间较长的综合测试,但这些方式均未触碰到问题的本质,也引起社会"掐尖""小高考"以及增加学生负担等质疑,中学、学生和学生家长也多有弃意。"苗圃计划"树立系统教育观念,推动了大学教育与中学教育的有机衔接,为高中素质教育开展提供了有效的支持和帮助,以学生为本,为学生健康成长与发展创造了条件,对招生选拔理念、选拔标准建立以及自主招生选拔的方式方法作了有效探索,同时为因材施教的开展创造了条件,受到教育主管部门、中学、学生、家长、大学的欢迎。初步的判断已触及到问题的根本了,但尚需不断深化。

初步形成同济大学招生的理念和方式方法,同济大学的生源质量不断提高

通过实施"苗圃计划",我们清醒地认识到,高中教育对创新人才培养具有关键作用,目前阶段要推动创新人才培养,大学必须主动前移,努力促进大学教育与中学教育有机衔接。此外,我们已深刻地认识到,要切实提高生源

质量，为创新人才培养创造条件；招生必须与学校办学传统、办学特色、教育理念、培养目标和校园文化密切结合；招生必须高度关注学生的专业兴趣、学科特长、创新潜质和身心健康；招生必须做到学生与高校双方互相了解。大学招生与学生报考，就如同两人谈恋爱。著名作家杨绛先生曾说："爱情就是我喜欢的人也正好喜欢我。"考试招生制度改革应具有示范性、引领性；招生应与培养相结合；招生工作与宣传学校相结合。

为推动国家深化考试招生制度改革提供示范，为中学开展素质教育起到引领作用

中国自主招生改革探索10年，各方的争论和分歧较大，目前正处在十字路口，需要高校以更大勇气和更大决心积极深化改革。"苗圃计划"实施从某些环节抓住了考试招生制度改革的本质，受到各方面的欢迎和肯定，也为国家和相关高校深化考试招生制度改革提供了示范。

总之，同济大学在高中建"苗圃"，开展"育苗"和"选苗"工作，一是为选拔培养创新人才创造条件，二是支持和推动高中素质教育的开展。同时，我们更希望引导中学向前在初中建"苗圃"，初中在小学建"苗圃"。如果达到目标后，确有潜力的学生就有可能不用花全部的精力来应付考试了。我们现在对正式进入"苗圃计划"的学生在招生政策与人才培养方式方法上都有比较大的优惠和考虑，高考分数可降至一本线，进校后针对具体学生的实际情况，努力实施因材施教。推而广之，如果高中招生的时候也有这样的考评标准和进校后个性化的培养方案，学生就不必那么折腾了，还可以节约时间，打破按部就班的教育惯例，真正做到因材施教，杰出人才培养就有可靠的保证。

教育和人才培养是一个系统工程，但我国现阶段教育和人才培养各个环节是相互脱节的。同济大学树立系统培养观念，实施了旨在推进大中小学有机衔接和培育大师级人才的"苗圃计划"。虽然计划的成败将通过实践来检验，但我们认为，只要理念先进，措施得力，同时有各方支持和帮助，"苗圃计划"的实施一定能为深化考试招生制度改革和杰出人才培养做出积极贡献。

（同济大学招生办公室）

来源：《实施"苗圃计划"，选拔培养大师级人才》

后记 HOUJI

在各方面的大力支持和帮助下,《走入教育改革深水区——同济大学"苗圃计划"的探索与实践》一书即将付梓出版,作为编委,我们的确有一种如释重负之感,因为我们一年多的愿望终于得以实现。但在将书稿交付出版之时,也更清醒地认识到,我们借助于"苗圃计划"所开展的教育改革仍是局部的和比较肤浅的。要解决中国教育改革面临的诸多问题,必须依靠党和政府的正确领导,调动一切可以调动的力量,大胆走入改革深水区,勇啃改革硬骨头,挺立改革创新最前沿。目前,考试招生制度改革就是改革深水区和硬骨头,"苗圃计划"的进一步推进必须努力与考试招生制度改革相结合。

正在全国逐步推开的考试招生制度改革针对应试教育、唯分数论、一考定终身、严重偏科等问题而展开。从上海市和浙江省的招生改革试点方案看,其核心内涵是"两依据,一参考"。所谓两依据,一是由国家规定的语文、数学、外语三个必考科目,二是基于学生兴趣、特长和发展的三个自选科目。上海市为六选三,即从物理、化学、生物、历史、政治、地理六科目中任选三门;浙江省为七选三,即从物理、化学、生物、历史、政治、地理、信息科学七科目任选三门。所谓一参考,即为综合素质评价。分析上海市和浙江省试点的高考改革方案,我们可期盼的亮点可能有:有助于消除唯分数论、严重偏科、模式固化等顽疾,实现从招分到招生(人)的转变;有助于突破文理分科桎梏,搭建学生全面发展的知识结构;有助于引导学生培养专业兴趣和学科特长;强调学生一贯表现,促进中学教育与大学教育有效衔接;有助于推进素质教育,促进学生全面发展和卓越人才培养等。对比上海市和浙江省的招生改革试点方案,"苗圃计划"不但与新高考改革内涵切合,而且实施"苗圃计划"有助于新高考改革各项目标的实现。

新高考改革方案最大的亮点是综合素质评价,即所谓的一参考,但高中如何做好综合素质评价，大学在招生录取中如何运用综合素质评价也是新高考改革的最大难点，高中如何引领学生兴趣、特长和发展方向也还是难题，这些在上海市和浙江省的新高考改革试点方案中，至今还没有令人十分信服的答案。对于这些难题，"苗圃计划"却展现出明显的优越性。在"苗圃计划"中，高校对接具体高中，从高一进行专业兴趣、学科特长和发展方向引导，高二针对性开展综合素质和综合能力培养，高三确定发展方向，这些做法以及真正反映学生培养全过程的学生个人成长手册、高中关于学生的成长记录、大学关于学生的培养记录三份档案，将为高中如何做好综合素质评价以及高校招生录取时如何用好综合素质评价等，提供了解决问题极有价值的方案，由此可见，"苗圃计划"针对新高考展现出广阔的应用前景。

即使如上述，毕竟"苗圃计划"不等于新高考，新高考是大局，"苗圃计划"只是个案，是局部，局部必须服从于全局。面对新高考改革以及教育教学综合改革的严关险道，"苗圃计划"在未来的推进过程中必定有许多新的、重大的调整与发展，因此，我们要与合作中学一道，认真总结经验，深化改革，不断追求卓越，要针对新高考改革以及教育教学综合改革做好"苗圃计划"升级版，争取在全面深化考试招生制度改革和人才培养模式改革的过程中，让升级版的"苗圃计划"展现出更加强大的生命力，努力为培养德、智、体、美全面发展的社会主义建设者和接班人不断做出新的更大的贡献。

编 者

2016 年 12 月 16 日